Nur wir zwei

Die schönsten Reisen für Paare

Legende

Für alle, die (noch mal) heiraten wollen

Für Romantiker und frisch Verliebte

Für Ruhesuchende und Wellnessfans

Für Sportliche und Aktivurlauber

Für Abenteuerlustige und Individualisten

Für Genießer und Feinschmecker

Deutschland

»Du siehst die leuchtende Sternschnuppe nur dann, wenn sie vergeht.«

Friedrich Hebbel

01 Wipfelglück

Ammerland

Ein Vogelnest – oder doch ein Luxushotel? Irgendwie beides. Und seien wir mal ehrlich: So romantisch ist Camping unter freiem Himmel nun auch wieder nicht. Wer Natur hautnah erleben und gleichzeitig in behaglichen Boxspringbetten schlafen möchte, ist im Resort Baumgeflüster im niedersächsischen Ammerland bestens aufgehoben. In den vier minimalistisch-modern eingerichteten Baumhäusern duftet es nach frischem Laub und Lärchenholz. Mit einer Größe von rund 40 Quadratmetern versprühen die exklusiven Apartments kuschlig-gemütliches Flair, bieten andererseits aber genügend Platz, um wie zu Hause entspannt die Füße auszustrecken. Graue Regentage kann man so dank Designercouch und Küchenzeile mit einer heißen Tasse Tee und guter Lektüre genussvoll aussitzen. Im Sommer funktioniert das übrigens auch bestens auf der Baumhausterrasse, die durch ihre fast schon fürstlichen Dimensionen besticht. Wen dann doch die Unternehmungslust packt: Die Region hat in alle Himmelsrichtungen viel zu bieten. Im Nordwesten erstreckt sich flunderflach Ostfriesland mit herrlicher Natur und malerischen Städtchen. Die Nordseeküste, Watt und Meer erreicht man mit dem Auto nach nur knapp einer Stunde Fahrt. Mit viel Wasser und abwechslungsreichem Freizeitangebot lockt das Zwischenahner Meer, das quasi vor der Baumhaustür liegt. Hier kann man schwimmen, paddeln, segeln, radeln oder an einer der Buchten zusehen, wie abends die Sonne im See versinkt.

www.baumgefluester.de

Pssst! Nicht weitersagen: Die auf Stelzen gebauten Luxusholzhäuschen des Resorts Baumgeflüster sind sogar mit Fußbodenheizung ausgestattet.

B&B Villa Leda

Verträumtes kleines Stadtrandhotel in Leer, nicht weit vom historischen Julianenpark. Den braucht man aber gar nicht, denn im hauseigenen Garten blühen und duften Rosen und Magnolien um die Wette.

Bremerstraße 57, 26789 Leer, www.bedandbreakfast-leer.de

Strandhotel Juister Hof

Eine ideale Adresse für alle, die die Insel Juist besuchen wollen. Das komfortable Vier-Sterne-Haus liegt direkt am Strand und bietet auch ein kleines Wellnessprogramm. Wer sich richtig verwöhnen will, bucht natürlich die Penthouse-Suite.

Strandpromenade 2, 26571 Juist, www.juister-hof.de

Bei Ante

Etwas ab vom Schuss, aber richtig lecker. Im gemütlichen Ambiente fühlt man sich wie zu Hause und kann die Erlebnisse des Tages Revue passieren lassen. Unbedingt das Steak probieren!

Hohe Loga 10, 26789 Leer, www.bei-ante.de, Mo Ruhetag

Aioli

Küssen verboten! Es sei denn, beide ordern Zaziki. Das familiengeführte griechische Restaurant mit kleiner Terrasse liegt etwas abseits des Trubels, macht aber Lust auf Meer und bietet frische mediterrane Kost.

Am Hogen Hagen 31, 26160 Bad Zwischenahn, www.aioli-badzwischenahn-de32.webnode.com, Mo Ruhetag

1 Zwischenahner Meer

Sich in der Natur ein wenig zu gruseln, kann durchaus romantisch sein. Oder auch amüsant. So richtig Angst hat hier jedenfalls niemand mehr vor dem legendären Riesenwels, der Ende der 1970er-Jahre im Zwischenahner Meer gesichtet wurde und angeblich sogar Hunde bei lebendigem Leibe verschlang. Das vermeintliche Ungetüm entpuppte sich letztlich als harmlose Zeitungsente. Und so kann man heute sorglos in der »Lieblingsbadewanne« des Ammerlands schwimmen und paddeln, an der 11 km langen Uferlinie spazierengehen und radeln – oder einfach an einer der Buchten die Picknickdecke ausbreiten und das Plätschern der Wellen genießen. Vor allem in lauen Sommernächten herrscht rund um den See eine märchenhafte Stimmung. In den Schilfgürteln singen und quaken Vögel und Frösche ihr Abendlied, rundherum schaukeln Seerosen im Wasser, in dem sich silbrig funkelnd der Mondschein spiegelt.

Touristinformation Ammerland, Ammerlandallee 12, 26655 Westerstede, www.ammerland-touristik.de

2 Leer

Schönheit liegt ja bekanntlich im Auge des Betrachters. Aber Leer als einen der hübschesten und gemütlichsten Orte Ostfrieslands zu bezeichnen, spricht sicher vielen Besuchern aus der Seele. Wer also der Natur für ein Weilchen den Rücken kehren und ein wenig bummeln und einkaufen möchte, ist in dem Städtchen goldrichtig. Im verwinkelten, herausgeputzten historischen Zentrum finden sich zwischen schmucken Backsteinhäusern viele nette Cafés, kleine Läden und Restaurants. Am Museumshafen an der Alten Waage klönen Leeraner und Touristen bei einem Fischbrötchen oder einer Tasse Tee, flanieren die Uferpromenade auf und ab oder lauschen auf einer Bank im Sonnenschein dem Kreischen der Möwen, die über Fischkuttern und Ausflugsbooten ihre tollkühnen Flugkünste demonstrieren.

Touristinformation Leer, Ledastraße 10, 26789 Leer, www.ostfriesland.de

3 Zauberhafte Fehnlandschaft

Wasser und Weite, wohin das Auge blickt: Ein dichtes Netz aus Kanälen durchzieht die märchenhafte Landschaft rund um Rhauderfehn, die sich südlich von Leer ausdehnt. Weiße Klappbrücken spannen sich über die stillen Wieken; zwischen den Feldern und sattgrünen Wiesen, auf denen Schafe und Kühe grasen, ragen Windmühlen empor. Von Vereinen und Freiwilligen

Beste Reisezeit

Makelloses Wetter mit Sonnenschein und Wärme gibt's hier oben im Norden nur im Sommer. Während der Hauptsaison ist jedoch viel los. Wer ungestörte Zweisamkeit sucht, bucht lieber im Frühling oder Herbst. Die Baumhäuser im Resort sind beheizt!

Paradies für Naturfreunde: Beim Streifzug durch die Dünenlandschaften der Nordseeinsel Juist begegnet man mit etwas Glück Austernfischern mit ihren leuchtend roten Schnäbeln.

aus der Region werden sie liebevoll gepflegt und instandgehalten. Der Begriff »Fehn« stammt aus dem Niederländischen und bedeutet so viel wie »Moor«. Auch Rhauderfehn geht auf eine alte Moorsiedlung zurück. Früher wurde hier Torf gestochen – mit Schaufel und Stecheisen. Eine schweißtreibende Arbeit. Im Vergleich dazu ist es regelrecht entspannend, die flache Gegend mit dem Rad oder Boot zu erkunden. Beide Fortbewegungsmittel kann man bei der Paddel- & Pedalstation Rhauderfehn anmieten (www.paddelundpedal.de). Wer sich für die Geschichte und Geschichten rund ums dunkle Moor interessiert, sieht sich am besten im Fehn- und Schiffahrtsmuseum der Gemeinde um (www.fehn-schiffahrtsmuseum.de).

Touristinformation Rhauderfehn,
1. Südwieke 2a, 26817 Rhauderfehn,
www.ostfriesland-rhauderfehn.de

4 Freilichtmuseum Ammerländer Bauernhaus

Am Südufer des Zwischenahner Meers kann man nicht nur ins kühle Nass, sondern auch in Geschichte und Kultur der Region eintauchen: Das Freilichtmuseum Ammerländer Bauernhaus besteht aus insgesamt 17 historischen Haupt- und Nebengebäuden. Sie wurden aus zusammengetragenen Originalteilen rekonstruiert und hier am See in Form und Anordnung einer typischen Hofstelle aus der Zeit des ausgehenden 17. Jh. neu aufgebaut. Neben dem zentralen Bauernhaus in Fachwerkbauweise können Stallungen, Werkstätten, eine Windmühle und ein Kornspeicher sowie kleinere Häusertypen von damals besichtigt werden.

Am Hogen Hagen, 26160 Bad Zwischenahn,
www.ammerlaender-bauernhaus.de

5 Urwald Hasbruch

Ein beinahe mystischer Ort: Im Naturschutzgebiet Hasbruch südöstlich von Oldenburg flüstern die Bäume in einer uralten, geheimnisvollen Sprache. Ein großer Teil des einstigen Hutewalds wird schon seit über 150 Jahren nicht mehr bewirtschaftet und ist bis heute sich selbst überlassen. Einige der Eichen oder Buchen, die hier knorrig in den Himmel ragen, reckten sich bereits im Mittelalter als zarte Pflänzchen aus der Erde. Kein Wunder also, dass man beim Wandern durch diesen Urwald den Alltag schnell vergisst – und sich so manche Sorgen rasch in wohlriechende Waldluft auflösen.

www.hasbruch.de

Nur wir zwei

Herbe Nordseeluft atmen und gemeinsam einsame Strände erkunden: Auf der kleinen **Insel Juist** – liebevoll auch »schönste Sandbank Deutschlands« genannt – ist das ein ganz besonderes Erlebnis. Das autofreie Eiland bietet Entschleunigung pur. Damit die sich auch einstellt, sollte man etwas Zeit mitbringen. Wegen der komplizierten Anreise eignet sich Juist nicht für einen Tagesausflug: Die Fähre (Fahrt ca. 90 Min.) startet ab Norddeich – aber natürlich nur bei Flut. Vom Juister Hafen geht's mit der Pferdekutsche zur Unterkunft.
Kurverwaltung Juist,
Strandstraße 5, 26571 Juist,
www.juist.de

Blühende Obstbäume und das typische Buntmauerfachwerk prägen die Dörfer im Alten Land. Im Frühjahr erstrahlen traditionelle Architektur und Natur in perfekter Harmonie.

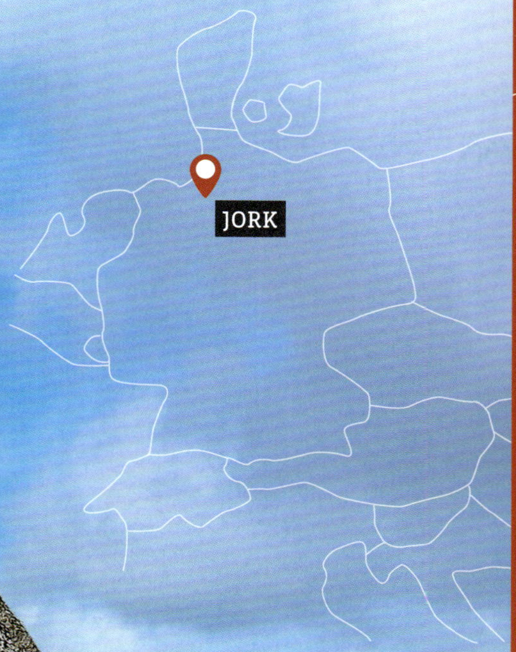

02 Verlockende Früchte

Altes Land

Frühlingsgefühle stellen sich im Alten Land ganz automatisch ein. Manchmal auch leichte Bauchschmerzen. Vor allem von Juni bis September, wenn die Obstbauern in ihren Hofläden oder auch am Wegesrand Kirschen, Erdbeeren, Äpfel, Birnen und Zwetschgen verkaufen – so frisch, saftig und süß, dass man nicht widerstehen kann, gleich kiloweise zuschlägt und dann, nun ja, beim Naschen schon mal über die Stränge schlägt. Zweifellos ist jedoch das Frühjahr die beste Zeit für einen Besuch im Alten Land. Ende April, sobald die Sonne an Kraft gewinnt und sich die Blütenknospen der Kirsch- und Apfelbäume nach und nach öffnen, verwandelt sich das fruchtbare Marschland westlich von Hamburg in einen duftenden, weiß-rosaroten Teppich, der sich von den Ufern der Unterelbe bis zum Horizont ausrollt. Apropos Elbe: Wir befinden uns zwar in einem der größten Obstanbaugebiete Europas und somit inmitten einer ländlich geprägten Region, doch die Gegend besticht auch durch ihr maritimes Flair. Am Flussufer grüßen bunte Leuchttürme und blökende Schafe Spaziergänger und Fahrradfahrer, und in den Häfen liegen Tjalken, Yachten und Ausflugsboote vertäut. Die Schifffahrt hat auch im Alten Land eine lange Tradition, schließlich konnte das viele Obst nur auf dem Wasserweg transportiert und vermarktet werden. Noch ein Tipp zur Reiseplanung: Wann es im Alten Land am schönsten ist, also Blüte- und Erntezeiten beginnen, kann man am Blütenbarometer (www.bluetenbarometer.de) ablesen, das vom Tourismusverband immer auf dem neuesten Stand gehalten wird.

www.tourismus-altesland.de

1 Jork

Jork wird recht häufig als »heimliche Hauptstadt« des Alten Lands bezeichnet. Bei genauem Hinsehen ist die schmucke Gemeinde mit ihren sieben Ortsteilen jedoch zweifellos *die* touristische Herzkammer der ländlich geprägten Region. Hier finden sich die prächtigsten Fachwerkhöfe der alteingesessenen Obstbauern, die in ihren Hofläden oft eine riesige Auswahl unterschiedlicher Fruchtsorten anbieten – aber auch ofenfrischen Kuchen und andere Lebensmittel aus eigener Herstellung verkaufen. Wer selbst einmal pflücken oder eine der Plantagen besichtigen möchte, muss einfach nachfragen. Bei einigen Bauern kann man sogar in die Lehre gehen und hat nach einer kurzen Führung inklusive Crashkurs ein echtes altländer »Apfeldiplom« in der Tasche. In Jork hat sich übrigens schon so manches prominente Paar das Jawort gegeben: Neben Komiker Otto Waalkes und TV-Moderator Elton heiratete hier auch der Dichter Gotthold Ephraim Lessing 1776 seine langjährige Verlobte Eva König.

Touristinformation Jork,
Osterjork 10, 21635 Jork,
www.tourismus-altesland.de

Nur wir zwei

Brautpaare aus ganz Deutschland zieht es in den wunderschönen, im 17. Jh. erbauten **Gräfenhof nach Jork**. Unter seinem Dach befindet sich seit Umbau und Renovierung das Jorker Rathaus mit dem Standesamt. Sehr beliebt ist der historische Trausaal im ersten Stock, der mit Altländer Möbeln ausgestattet und natürlich immer gut gebucht ist. Termine können bei der Gemeindeverwaltung erfragt werden (www.jork.de). Doch auch viele andere Obsthöfe und Restaurants haben sich auf Hochzeitsfeiern inklusive Verpflegung und Extras spezialisiert. Ein ganz besonderes Erlebnis ist eine kirchliche Trauung in einer der vielen kleinen Gemeindekirchen. Bei Fragen zur Organisation einer Hochzeitsfeier und der Auswahl passender Dienstleister hilft der Tourismusverein Altes Land.

2 Stade

In Stade am Ufer der Schwinge fühlt man sich, als wäre man in einer begehbaren Postkarte gelandet, und allen Hobbyfotografen sei empfohlen, ihre Kamera stets griffbereit zu haben. Die Geschichte der Hansestadt reicht bis ins 10. Jh. zurück. Mitte des 17. Jh. fielen rund zwei Drittel der Gebäude einem verheerenden Brand zum Opfer; nach dem Feuer wurde die Stadt aber wieder originalgetreu aufgebaut. Beim Flanieren heißt es Augen auf: Die schönsten Gebäude sind Kramerhus, Traufenhus, das Restaurant Knechthausen sowie das prunkvolle Bürgermeister-Hintze-Haus. Über die Stadtgeschichte informiert das Museum »Schwedenspeicher« (www.museen-stade.de) am Hansehafen.

Touristinformation Stade,
Hansestraße 16, 21682 Stade,
www.stade-tourismus.de

3 Buxtehude und Umland

Wer ist denn nun die Schönste im ganzen Land? Auch Buxtehude mit seiner pittoresken Altstadt ist eine wahre Perle der Region und buhlt neben Stade und Jork um die Gunst der Besucher. In den engen Gassen finden sich noch Fachwerk- und Backsteinhäuser aus dem 16. Jh. Als tierische Helden der Stadt werden Hase und Igel aus dem gleichnamigen Märchen des Heimatdichters Wilhelm Schröder verehrt. Vor den Toren Buxtehudes, so heißt es in der Geschichte, hat das ungleiche Paar einst seinen legendären Wettlauf ausgetragen. An das Rennen erinnert heute eine Skulptur in der Fußgängerzone. Märchenhaft, fast wie ein Knusperhäuschen aus Lebkuchen, wirkt auch die farbenfrohe Fachwerkfassade des alten Buxtehuder Heimatmuseums, das gerade aufwendig saniert wird, aber schon bald mit neuem modernem Ausstellungskonzept überzeugen will (www.buxtehudemuseum.de). Mit ausgezeichneten Wegen für Wanderer und Mountainbiker punkten schon jetzt die erstaunlich hügeligen Harburger Berge, deren Höhenzüge, Wälder und Heidewiesen sich südöstlich der Stadtgrenze erstrecken.

Beste Reisezeit

Romantiker sollten im Frühjahr anreisen. Die Kirschbäume blühen meist Ende April, die traumhafte Apfelblüte beginnt Anfang Mai – vorausgesetzt, das Wetter spielt mit. Zur Erntezeit im Spätsommer und Herbst ist das Alte Land hingegen ein Mekka für Genießer.

Die bildschöne Altstadt von Stade lädt zum Bummeln, Shoppen und Kaffeetrinken ein.

Wer möchte, kann hier auch in den rund 223 km langen »Heidschnuckenweg« einsteigen, eine Fernwanderroute, die südwärts Richtung Lüneburger Heide führt.

Touristinformation Buxtehude,
Breite Straße 2, 21614 Buxtehude,
www.buxtehude.de

4 Hamburg

Jawohl, die allerschönste Stadt der Welt liegt gleich um die Ecke – genauer gesagt am anderen Elbufer! Eine Reise ins Alte Land mit einem Kurztrip nach Hamburg zu verknüpfen, liegt daher auf der Hand. Mit Schmetterlingen im Bauch macht ein abendlicher Spaziergang zu den berühmten St.-Pauli-Landungsbrücken besonders viel Spaß. Auf den Stufen am Wasser kann man Arm in Arm den Schiffen zuwinken, während sich die Strahlen der Sonne, wie durch ein magisches Kaleidoskop gebrochen, farbenfroh in den Fenstern der neuen Elbphilharmonie spiegeln. Auch ein Picknick im Park Planten un Blomen, ein Streifzug durch die historische Speicherstadt oder ein Bummel durchs steile Treppen- und Gassengewirr von Blankenese, vorbei an zauberhaften Gärten und weiß getünchten Kapitänshäuschen, sind Highlights in der Hansestadt. Und den besten Blick über die Stadt? Den genießt man natürlich vom rund 130 m hohen Kirchturm des »Michel«, dem stolzen Wahrzeichen Hamburgs.

Touristinformation Hamburg,
Kirchenallee (Hauptbahnhof),
20095 Hamburg,
www.hamburg.de

Hotel Altes Land

Komfortables, ruhig gelegenes Hotel im Altländer Stil. Das Stammhaus ist in einem alten, renovierten Fachwerkhof untergebracht. Gemütliche, großzügige Zimmer und guter Service.
Schützenhofstraße 16, 21635 Jork,
www.hotel-altes-land.de

Navigare NSBhotel

Moderne Unterkunft in historischen Mauern: Das Haus mit 32 Zimmern bietet eine ungewöhnliche, geschmackvolle Mischung aus Alt und Neu und ist nur einen Steinwurf vom Buxtehuder Stadtzentrum entfernt. Gemütliches Flair versprüht auch das hauseigene Restaurant »Seabreeze« im Gewölbekeller.
Harburger Str. 4, 21614 Buxtehude,
www.hotel-navigare.com

Knechthausen

Edle Kreativküche, serviert in einem der schönsten historischen Häuser von Stade. Die Karte ist klein, dafür stimmt die Qualität. Exzellente Weinauswahl, nur abends geöffnet.
Bungenstraße 20, 21682 Stade,
www.restaurant-knechthausen.de,
So, Mo Ruhetag

Die Mühle

Liebe geht durch den Magen: Hier werden Gäste mit viel Leidenschaft und kulinarischer Finesse verwöhnt. Zählt zu den besten und auch stimmungsvollsten Restaurants im Alten Land.
Am Elbdeich 1, 21636 Jork,
www.diemuehlejork.de,
Mo, Di Ruhetag

03 Weit- und Wattblick

Nordfriesland

Zugegeben, man muss schon Glück haben, damit das mit der Buchung klappt. Denn wer träumt nicht davon, einmal in einem Leuchtturm zu übernachten? Kein Wunder also, dass diese besonders romantische Unterkunft an der Westküste Schleswig-Holsteins, unweit der Dagebüller Mole, sehr begehrt ist. Die Idee, einen ausgedienten Leuchtturm zu kaufen und in ein schickes Minihotel zu verwandeln, hatten die Berliner Architektin Heike Wittenbacher und ihr Ehemann Tim. Doch das Vorhaben umzusetzen, war gar nicht so einfach. Etliche Monate verbrachte das Paar allein damit, die notwendigen Genehmigungen einzuholen. Im Jahr 2012 war es dann endlich so weit: Das kleinste und sicherlich ungewöhnlichste Hotel Nordfrieslands empfing seine ersten Gäste. Und die sollten sich im Idealfall sehr mögen. Denn mit insgesamt 18 Quadratmetern Wohnfläche, die sich auf drei Stockwerke verteilen, bietet der 15 Meter hohe Backsteinturm nicht gerade viel Platz. Dafür aber jede Menge Komfort: Schon im Erdgeschoss trumpft das Badezimmer mit einem Whirpool auf, eine Wendeltreppe führt zum gemütlichen Schlafzimmer mit Doppelbett und Flachbild-TV im Mittelgeschoss. Steigt man weiter hinauf zur Turmspitze, überraschen nicht nur das winzige Wohnzimmer, sondern auch der fantastische Weitblick, der in alle Himmelsrichtungen über grüne Wiesen und bis zu den Halligen reicht. Und das Frühstück? Wird jeden Morgen auf den Treppenstufen des Turms abgeliefert. Frisch verliebte Paare seien gewarnt: Die Verlockung ist groß, in diesem Luxus-Liebesnest tagelang abzutauchen. Dabei hat die Gegend doch so viel zu bieten!

www.leuchtturm-dagebuell.de

Perfekt für Paare: Zwei Personen finden im Minihotel im Dagebüller Leuchtturm Platz. Wer sich dieses außergewöhnliche Erlebnis gönnen möchte, sollte allerdings früh im Voraus buchen.

Hotel Seeblick

Im Vier-Sterne-Haus der Superiorklasse kann man zu zweit genussvoll entspannen und dabei die Reize Amrums genießen. Geräumige, stilvoll modern eingerichtete Zimmer und breites Wellnessangebot.
Strunwai 13,
25946 Norddorf (Amrum),
www.seeblicker.de

MS Nordertor

Ahoi! Das urige Husumer Restaurantschiff punktet mit seinem üppigen Frühstücksbuffet (Sonn- und Feiertage) und nordischen Tapaskreationen.
Hafenstraße (Binnenhafen),
25813 Husum,
www.ms-nordertor.de, Mo, Di Ruhetag

Pharisäerhof

Verträumtes Ausflugslokal, das für seinen Pharisäer berühmt ist. Der legendäre Kaffee mit Schuss wurde angeblich hier erfunden und wird mit hausgemachtem Kuchen serviert. Wer sich in das hübsche Reetdachhäuschen verliebt: Man kann hier auch übernachten!
Elisabeth-Sophien-Koog 3,
25845 Nordstrand,
www.pharisaeerhof.de

Wattwurm

Halb Kneipe, halb rustikales Restaurant mit viel nordfriesischem Charme. Serviert werden Fisch, Burger, Schnitzel und vieles mehr. Auf der großen, abwechslungsreichen Karte wird man auf jeden Fall fündig.
Hauptstraße 28,
25899 Niebüll

1 Barfuß durchs Watt

Schuhe aus und rein ins nasskalte Vergnügen! Bei einer Wattwanderung geht man buchstäblich auf Tuchfühlung mit der Natur. Die gesamte nordfriesische Küstenlinie – von Eiderstedt bis Sylt – gehört zum Nationalpark Schleswig-Holsteinisches Wattenmeer und steht unter strengem Schutz. Erkundungstouren durch dieses einzigartige, vom ewigen Rhythmus der Gezeiten geprägte Biotop werden von zahlreichen Veranstaltern angeboten. Spannend, lehrreich und unterhaltsam sind die Touren der beiden Biologen und Nationalpark-Wattführer Birgit Andresen und Walther Petersen-Andresen, die ihre Gäste zwischen April und Dezember ab Dagebüll auch zu den Halligen Oland und Gröde entführen. Buchen kann man längere und kürzere Ausflugspakete. Bei letzteren geht es nach Eintritt der Flut mit dem Boot zurück zum Ausgangspunkt.

Birgit Andresen & Walther Petersen-Andresen,
www.wattwanderungen-halligerlebnis.de,
Tel. +49 46 67/466

2 Nolde-Stiftung Seebüll

Welch ein prachtvoller Garten! »Seebüllchen« nannte Emil Nolde einst liebevoll sein kleines reetgedecktes Gartenhäuschen, in das er sich gerne zurückzog. Und dann ist da auch noch das Museum. Der Besuch der Nolde-Stiftung bei Neukirchen unweit der dänischen Grenze ist auf jeden Fall ein Erlebnis für alle Sinne. Denn hier kommen Kunstliebhaber und Naturfreunde gleichermaßen auf ihre Kosten. Das florale Farbspektakel, das man unter freiem Himmel studieren kann, spiegelt sich auch in Emil Noldes Werken wider: Der deutsche Maler zählt zu den weltweit bedeutendsten Vertretern des Expressionismus und lebte viele Jahrzehnte im nordfriesischen Idyll. Die Sammlung der Stiftung zeigt eine große Auswahl seiner Gemälde und Aquarelle, bietet aber auch viele Hintergrundinformationen über das Leben des Künstlers.

Seebüll 31,
25927 Neukirchen,
www.nolde-stiftung.de

3 Husum

Dass die vermeintlich »Graue Stadt am Meer« – so nannte sie einst ihr berühmtester Sohn, der Schriftsteller Theodor Storm – tatsächlich bunt und quicklebendig ist, hat sich längst herumgesprochen. Entsprechend wuselig geht es während der Hauptsaison in und um Husum zu. In der malerischen Altstadt mit Hafen kann man herrlich bummeln und sich einfach treiben lassen. Anziehungspunkte sind

Beste Reisezeit

Die meisten Urlauber reisen zwischen Ostern und den Herbstferien an, Haupt- und Badesaison ist im Juli/August. Wer nicht frieren, sich aber in Ruhe erholen möchte, sollte im Frühjahr oder im Spätsommer nach den großen Ferien buchen.

Romantisches Kleinod: die Nolde-Stiftung Seebüll nahe der dänischen Grenze.

aber auch das Theodor-Storm-Haus, das sehr sehenswerte Nordsee-Museum und das stolze Residenzschloss mit herrlichem Park, in dem im Frühjahr ein Meer von Krokussen aufblüht.

Touristinformation Husum,
Großstraße 27, 25813 Husum,
www.husum-tourismus.de

4 Hallig Hooge

Insgesamt zehn Halligen gibt es in Nordfriesland; auf ihnen leben rund 230 Menschen. Fragte man einen von ihnen, wie man es auf einer so winzigen Insel aushält, ist man schon ins Fettnäpfchen getappt. Denn eine Hallig, die vor allem im Winter Dutzende Male überflutet wird, als Insel zu bezeichnen, ist hier oben im Norden ein Fauxpas. Auf Hooge ist man da aber nicht ganz so streng. Seit vielen Jahren ist die »Königin der Halligen« von einem robusten Sommerdeich umgeben, sodass man den Schrei »Land unter!« nur noch recht selten hört. Im Sommer drängeln sich die Tagesgäste auf dem kleinen Stückchen Land. Wer die Einsamkeit, ein magisches Hallig-Erlebnis, sucht, muss im Winter kommen – oder übernachten.

Fährverbindung tgl. ab Schlüttsiel (unregelmäßiger Fahrplan in der Nebensaison),
www.hooge.de

5 Insel Amrum

Amrum besuchen, heißt vor allem Natur genießen: den rauen Nordseewind, die weißen Dünen und den weiten Kniepsand – und natürlich den salzig-würzigen Duft des Meeres. Kulturelle Sehenswürdigkeiten von Format, die man abhaken müsste, gibt es nicht. Die Dorfschönheit des Eilands ist Nebel, das mit seinen vielen Friesenhäuschen verzaubert, in deren Gärten im Sommer üppig Rosen und Geranien blühen. Auch wer nur für einen Tag kommt, sollte aufs Amrumer Wahrzeichen, den rot-weißen Leuchtturm bei Wittdün, klettern. Der Ausblick ist atemberaubend!

Fährverbindung tgl. ab Dagebüll (abweichender Fahrplan in der Nebensaison),
www.amrum.de

Nur wir zwei

Sauna, Hamam, Massagen, Ayurveda – und ein beheizter Außenpool mit traumhaftem Blick über die Förde bis zur dänischen Küste: In Sachen Wellness und Wohlfühlen lässt das **Luxus-Vitalhotel Alter Meierhof** bei Glücksburg keine Wünsche offen. Der geschmackvoll gestaltete Spa-Bereich mit orientalischem Flair und alle angebotenen Anwendungen können auch von Tagesgästen genutzt werden. Wer dem Verwöhnprogramm noch eine kulinarische Krone aufsetzen möchte, bucht einen Tisch im Hotelrestaurant »Meierei«, in dem Starkoch Dirk Luther das Sagen hat und schon seit Jahren erfolgreich gleich zwei der begehrten Michelinsterne verteidigt.
Alter Meierhof, Uferstraße 1, 24960 Glücksburg, www.alter-meierhof.de

Raufklettern oder ihren Anblick mit etwas Abstand genießen? Beides geht. So oder so sind die zerklüfteten Externsteine neben dem Hermannsdenkmal eine der Hauptattraktionen des Teutoburger Walds.

04 Hallo, Hermann!

Teutoburger Wald

Küssen verboten? Als sich ein junges Pärchen beim romantischen Anblick der Externsteine in der Abendsonne um den Hals fällt und dann noch etwas näher kommt, zieht ein Herr mit beigem Rucksack die Mundwinkel nach unten und nippt verkniffen an seiner Wasserflasche. Dass Urlauber im Teutoburger Wald hin und wieder etwas abgespannt wirken, hängt vermutlich auch damit zusammen, dass sie viel gelaufen sind. Ein dichtes, kilometerlanges Netz aus Wanderwegen durchzieht die Gegend, die sich in etwa zwischen Osnabrück und Paderborn verorten lässt. Sie schlängeln sich hinauf zu grandiosen Aussichtspunkten und wieder hinab in kühle Täler mit Bächen und Teichen, führen vorbei an verwunschenen Mooren und sagenumwobenen Felsen oder streifen Burgruinen, malerische Dörfer und traditionsreiche Städte. Mit dem 156 Kilometer langen Hermannsweg bietet der Teutoburger Wald allen, die etwas Ehrgeiz und Ausdauer mitbringen, sogar einen veritablen Fernwanderweg. Er ist nicht nur sportliches Bindeglied zwischen den abwechslungsreichen Naturräumen der Ferienregion, sondern steuert auch zahlreiche ihrer kulturellen Attraktionen an. Neben den Externsteinen und dem Donoperteich macht die Route auch am kolossalen Hermannsdenkmal auf der Grotenburg Station, das an die Varusschlacht und den Sieg der Germanen über römische Legionen vor über 2000 Jahren erinnert. Als die (mitsamt Sockel) fast 54 Meter hohe Statue Mitte des 19. Jahrhunderts erbaut wurde, galt sie für kurze Zeit als größte der westlichen Welt – wurde kurz darauf jedoch von einer imposanten Dame, der New Yorker Freiheitsstatue, überflügelt. Übrigens: Trotz martialischem Pathos, den das riesige Schwergewicht aus Bronze und sein himmelwärts gestrecktes Schwert ausstrahlen, sollten sich Paare hier oben unbedingt und ganz ungeniert in die Arme fallen. Nicht wegen Hermann und seiner viel besungenen Heldentaten, sondern weil die Aussicht auf die umliegenden Wälder, Berge und Täler, die im Frühling und Herbst von zarten Nebenschleiern umschmeichelt werden, einfach so unbeschreiblich schön ist.

www.teutoburgerwald.de

Nur wir zwei

Sich in die Augen schauen, flirten, genießen: Das außergewöhnliche wie sinnliche Restaurant **Glück und Seligkeit** ist in der ehemaligen Bielefelder Martini-Kirche untergebracht und bietet moderne, internationale Kreativküche, aber auch gute Cocktails an der Bar. Ideal für alle, die sich gemeinsam etwas Besonderes gönnen möchten. **Artur-Ladebeck-Straße 57, 33617 Bielefeld, www.glueckundseligkeit.de**

1 Externsteine

Sagen und Legenden umranken die markanten Externsteine südlich von Detmold, deren 15 Türme und Felsnadeln aus Sandstein als zerklüftetes Naturbollwerk bis zu 40 m in den Himmel ragen. Befand sich hier vor vielen Jahrhunderten eine germanische Kultstätte, die im Mittelalter zu einem christlichen Heiligtum umfunktioniert wurde? Beweise dafür gibt es immer noch nicht. Und bis heute rätseln Wissenschaftler, was es mit all den Grotten, Felsengräbern und Altarnischen sowie dem riesigen Relief, das die Kreuzabnahme Christi zeigt, auf sich hat, die hier im Laufe der Geschichte von Menschenhand in Stein gemeißelt wurden. Fest steht jedoch: Die Externsteine, deren magisches Spiegelbild im angrenzenden Wiembecketeich tanzt, sind ein Ort zum Staunen, Entdecken und Durchatmen, der nicht umsonst zu den beliebtesten Kultur- und Naturdenkmälern Deutschlands zählt. Wer die Mystik und Energie der geheimnisvollen Felsformation auf ganz besondere Weise spüren und erleben möchte, bucht am besten einen der Yogakurse, die hier in den Sommermonaten in den ruhigen Morgen- und Abendstunden angeboten werden (www.myheartbeatsyoga.de).

Infozentrum Externsteine, Externsteiner Straße 35, 32805 Horn-Bad Meinberg, www.externsteine-info.de

2 Donoperteich

Mitten im Wald, unter dem Blätterdach uralter Eichen und Buchen, versteckt sich der Donoperteich. Er ist – neben dem Hasselbachtal und dem Hochmoor Hiddeser Bent – einer der vielen Anziehungspunkte des gleichnamigen, insgesamt 120 Hektar großen Naturschutzgebiets, das sich westlich von Detmold ausdehnt. Im Teich wurden Anfang des 17. Jh. Forellen gezüchtet, später diente er den Hutebauern als Tränke für Pferde und Schweine. Heute kommen viele Ausflügler, um die anmutige Schönheit des Ortes zu genießen. Oder sie steigen vom nahe gelegenen Wanderparkplatz in den Hermannsweg ein, der den Teutoburger Wald und seine wichtigsten Sehenswürdigkeiten als 156 km lange Kammroute erschließt (www.hermannsweg.de). Die kurze Etappe vom Donoperteich hinauf zum Hermannsdenkmal ist besonders schön – und daher auch sehr frequentiert.

Zum Wanderparkplatz ab Detmold über Hiddeser Straße und Plantagenweg westwärts, dann südwärts über die Stoddardstraße

3 Hermannsdenkmal

Personenkult in Verbindung mit kolossaler Architektur hat ja, vor allem hierzulande, immer einen Beigeschmack. Und als man 1838 mit dem Bau des Hermannsdenkmals begann, ging es tatsächlich um Deutschtümelei – ein Begriff, der damals freilich noch nicht existierte. Denn das kriegsgebeutelte »Deutschland« des 19. Jh. war zersplittert. Um neue, nationale Wirgefühle heraufzubeschwören und zu pflegen, bediente man sich gemeinhin germanischer Heldengeschichten. Eine davon ist die Varusschlacht des Jahres 9 n. Chr. im Teutoburger Wald, in der der Cheruskerfürst Arminius (Hermann) die Römer in die Flucht schlug und alle Germanenstämme unter seinem Schwert einte. An den legendären Sieg und seinen Feldherrn erinnert bis heute die 26 m hohe, triumphierende Arminiusstatue. Zu martialisch? Dann kann man getrost auch nur den einzigartigen Rundumblick vom Gipfel der Grotenburg genießen. So heißt der knapp 400 m hohe Berg, auf dem das Denkmal in den Himmel ragt. Zu dessen Füßen befindet sich übrigens eine lauschige Waldbühne (www.waldbuehne-am-

Beste Reisezeit

Traumhaft schön ist es im Teutoburger Wald im Spätsommer und Herbst, wenn die Laubwälder in leuchtenden Farben strahlen. Achtung: Zur Walpurgisnacht (30. April) und Sommersonnwende (ca. 21. Juni) sind die Externsteine Pilgerstätte der Esoterikszene.

Speisen mit Stil und Gottes Segen – das Restaurant Glück und Seligkeit in Bielefeld.

hermannsdenkmal.de), auf der im Sommer abwechslungsreiche Kino- und Konzertevents stattfinden.

Grotenburg 50,
32760 Detmold,
www.hermannsdenkmal.de

4 Bielefeld

Eine der skurrilsten Verschwörungstheorien des 20. Jh. besagte, dass es Bielefeld gar nicht gibt. Bis heute kursiert dieser Dauerwitz, und die Bielefelder reagieren meist nur noch mit einem müden Lächeln. Oder sie laden zu einem Stadtbummel ein, gewissermaßen als Gegenbeweis. Dabei wird schnell klar, dass Bielefeld nicht nur wahrhaftig existiert, sondern noch dazu – und trotz großer Zerstörung während des Zweiten Weltkriegs – ein richtig hübsches Städtchen ist. Bei einem Kurzbesuch sollte man sich rund um den Alten Markt im Zentrum mit Merkurbrunnen, Battig-Haus und Crüwell-Haus umsehen. Zum Shoppen und Flanieren lädt die Obernstraße ein. Kulturliebhaber zieht es in Bielefelds ältestes Gotteshaus, die Altstädter Nicolaikirche aus dem 14. Jh., die mit einem kostbaren spätgotischen Schnitzaltar aufwartet.

Touristinformation Bielefeld,
Niederwall 23, 33602 Bielefeld,
www.bielefeld.de

Hotel Gräflicher Park

Abgesehen von dem riesigen Park sowie der historischen Architektur sind die Sport- und Wellnessangebote die Highlights des Grandresorts bei Bad Driburg. Für Paare werden aufwendige Romantikarrangements angeboten.
Brunnenallee 1, 33014 Bad Driburg,
www.graeflicher-park.de

Bielefelder Höhe

Das Landhotel südlich von Bielefeld liegt sehr ruhig inmitten der Natur und eignet sich perfekt als Ausgangspunkt für Touren in den Teutoburger Wald. Die Zimmer sind eher zweckmäßig, aber komfortabel – und kosten nicht die Welt.
Selhausenstraße 12, 33699 Bielefeld,
www.landhotel-bielefelder-hoehe.de

Detmolder Hof

Das Vier-Sterne-Haus punktet mit seinen kulinarischen Schlemmer- und Verwöhnarrangements sowie mit altmodisch-charmanter Inneneinrichtung. Wer sie erleben und genießen möchte, sollte jedoch unbedingt ein Deluxe-Zimmer oder eine Suite buchen.
Lange Straße 19, 32756 Detmold,
www.hotel-detmolderhof.de

Café Süße Falle

Vorsicht, der Name kommt nicht von ungefähr! Kuchen, Frühstück und der Kaffee sind verführerisch lecker – und das Fachwerkambiente ist so gemütlich, dass man schnell die Zeit vergisst. Auch Deftiges für den kleinen Hunger.
Meierstraße 15, 32756 Detmold,
www.süssefalle.de, Di, Mi Ruhetag

05 Lila Leidenschaften

Lüneburger Heide

Violett oder lila? Streng wissenschaftlich betrachtet, ist das nicht dasselbe! Während Violett, so lehrt es die Physik, eine reine Farbe des Lichtspektrums ist, kann Lila so ziemlichen jeden Farbton beschreiben, der sich irgendwo zwischen Blau und Rot verirrt hat. Der gemeinen Besenheide (Calluna vulgaris) ist das natürlich egal. Hauptsache, sie kann ihr Publikum mit einem effektvollen Auftritt begeistern. Und das hat bislang noch jedes Jahr geklappt! Los geht das Spektakel Ende Juli: Nach und nach öffnen sich dann die unzähligen Blüten der Zwergsträucher und verwandeln die kargen Böden der Region in einen leuchtend-violetten Ozean, von dem sich nur das dunkle Grün der Wacholderbüsche abhebt. Erst im September verblasst der Farbenrausch wieder. Besonders sehenswert ist die Heidelandschaft rund um Wilsede, ein winziges, fast schon museales Dorf mitten im Naturschutzgebiet. Beim traumhaften Fernblick vom Wilseder Berg würde man am liebsten ein Loblied auf Mutter Natur anstimmen. Aber die Lüneburger Heide ist eine – wenn auch sehr alte – Kulturlandschaft, die von Menschen geschaffen wurde. Schon vor vielen Jahrhunderten laugten Rodungen und Ackerbau das Erdreich der Region so sehr aus, dass hier nur noch genügsames Heidekraut Wurzeln schlug. Heute müssen Naturschützer und Heidschnucken das violette Wunderbiotop pflegen. Überließe man die Heide sich selbst, würde sie verschwinden. Und das wäre ein herber Verlust. Die Gegend ist ideal für einen Kurzurlaub zu zweit. Einquartieren kann man sich in einem der malerischen Heidedörfer. Aber auch die lebendige Hansestadt Lüneburg eignet sich als Ausgangspunkt.

www.lueneburger-heide.de

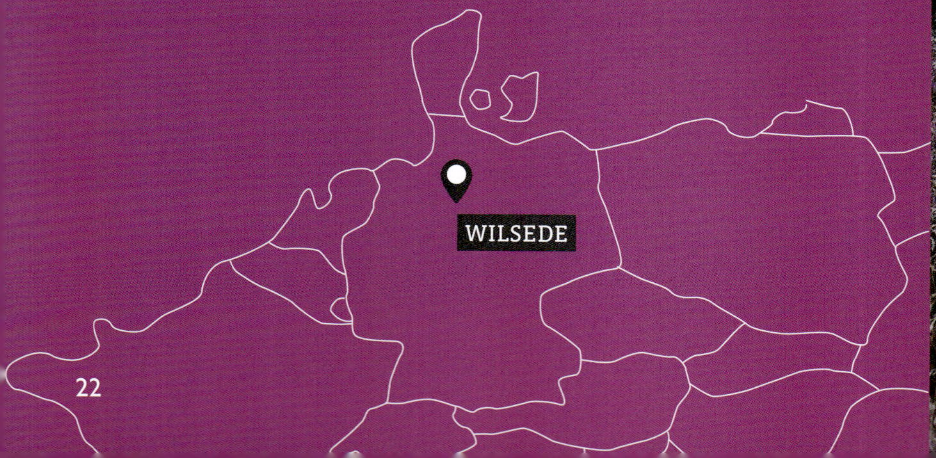

Heidschnucke müsste man sein: In stattlichen Ställen wie diesem finden die Schafe der Lüneburger Heide Unterschlupf. Für den Erhalt der Landschaft sind die Tiere bis heute unverzichtbar.

1 Kutschfahrt in der Heide

Im autofreien Naturschutzgebiet Lüneburger Heide sind Pferdekutschen ganz normale Verkehrsmittel. Den Sommer über transportieren sie Gäste sogar auf Linienverbindungen ins Herz der Heide. Gruppen oder Paare können Kutschausflüge aber auch exklusiv buchen und die lila Landschaften dann auf einer ganz besonderen Spritztour erleben. Das Angebot ist groß und etwas unübersichtlich. Am besten erkundigt man sich vorab bei der Touristinformation oder steigt in einen der Wägen, die während der Saison an den Wanderparkplätzen auf Kundschaft warten. Kutscher, die quasi eine Zusatzausbildung als Reiseleiter absolviert haben, sind übrigens meist als »Qualitätskutscher« zertifiziert und tragen ein entsprechendes Emblem auf ihrer Weste.

Abfahrt z.B. ab Behringen, Döhle, Nieder- und Oberhaverbeck, Underloh, Schneverdingen, www.lueneburger-heide.de

Nur wir zwei

Wohnen unter den knorrigen Dachbalken einer alten Windmühle, mitten im Grünen: Vor den Toren Hebers, einem Ortsteil von Schneverdingen am östlichen Rand des Naturparks Lüneburger Heide, kann man sich diesen (natürlich nicht ganz billigen) Traum erfüllen. Die historische **Alte Mühle** wurde vor wenigen Jahren behutsam renoviert und ausgebaut. Herausgekommen ist ein großzügiges Ferienapartment, das mit Holz, Stein und anderen Naturmaterialien sehr geschmackvoll eingerichtet und ausgestattet wurde. Wer will, kann hier auch seine Hochzeit feiern. Einen schöneren Ort dafür, noch dazu mit großem Garten, muss man erst einmal finden!
Mühlenstraße 27,
29643 Schneverdingen-Heber,
www.diealtemühle.com

2 Wilsede und Wilseder Berg

Das Dörfchen Wilsede liegt im Herzen des Naturschutzgebiets Lüneburger Heide und ist gleichzeitig touristisches Epizentrum der Region. Das stört aber gar nicht so sehr. Auch deshalb, weil Autos hier tabu sind und die Luft ganz wunderbar nach Heidekraut, Schafen und Buchweizen duftet. Selbst die Polizei ist hier übrigens auf Pferden unterwegs und kontrolliert die Fahrverbote. Den Wagen kann man auf den Besucherparkplätzen in Niederhaverbeck oder Undeloh abstellen. Von hier gelangt man per pedes, mit der Linienkutsche oder auf Drahteseln ins Heidedorf. In Wilsede selbst leben nur rund 40 Menschen, und der Ort mit seinen vielen reetgedeckten Bauernhäusern gleicht einem bewohnten Freilichtmuseum. Besonders stolz und stattlich ist »Dat Ole Hus« (www.stiftung-naturschutzpark.de), in dem das Heimatmuseum untergebracht ist. Hier kann man sich über das Leben der Heidebauern im 19. Jh. informieren. Zum Sonnenuntergang heißt es dann raus in die Natur: Den Wilsender Berg, das zauberhafte Wahrzeichen der Region, erreicht man zu Fuß in rund 30 Minuten. Oben angekommen, blickt man an klaren Tagen weit über die blühende Heidelandschaft bis nach Lüneburg und Hamburg.

Touristinformation Bispingen, Bahnhofstraße 19, 29646 Bispingen, www.bispingen-touristik.de

3 Totengrund

Zu romantisch? Geht doch gar nicht! Aber es kann natürlich sein, dass dünnhäutigen Besuchern beim Anblick des Totengrunds vor Glück die Tränen in die Augen schießen. Den sanft geschwungenen Talkessel unweit des Wilseder Bergs bestaunt man am besten von einem der Wanderwege auf den flankierenden Steilhängen. Im August rollt sich hier die sanft geschwungene Heidelandschaft wie ein violetter Zauberteppich Richtung Horizont aus – geschmückt von unzähligen Wacholderbüschen, die wie geheimnisvolle Hinkelsteine in den Himmel ragen. Wegen des weichen Lichts lohnt sich der Besuch im Totengrund auch abends und am frühen Morgen.

www.lueneburger-heide.de

Beste Reisezeit

Die Heideblüte beginnt meist Ende Juli und zieht sich bis in den September. Das Schauspiel lockt Urlauber freilich in Scharen an. Schön ist es hier aber auch im Frühling und Herbst, wenn sich Nebelschwaden wie zarte Schleier über die Lüneburger Heide legen.

Kein Nachbar weit und breit: In der Alten Mühle bei Heber werden Urlaubsträume wahr.

4 Hansestadt Lüneburg

Salz war einst das Gold dieser Stadt. Und der Handel mit dem kostbaren Kristall, der hier ab dem 12. Jh. gewonnen und zum Pökeln von Fisch an die Küste verschifft wurde, bescherte Lüneburg Reichtum und Macht. Das Salzmuseum (www.salzmuseum.de) erinnert an diese Blütezeit, die sich bis heute in den Fassaden der Bürgerhäuser mit ihren verspielten Giebeln und Türmchen, in prächtigen Kirchen und alten Lagerhäusern widerspiegelt. Lüneburgs Zentrum, das vor Fachwerk nur so strotzt, ist auch deshalb so einzigartig, weil die Hansestadt während des Zweiten Weltkriegs kaum bombardiert wurde. Unzerstört blieb zum Glück auch das pittoreske Hafenviertel am Stint- und Fischmarkt mit vielen gemütlichen Kneipen und Cafés. Vor allem im Sommer ist es hier ein Vergnügen, den Tag bei einem Glas Wein oder Pils ausklingen zu lassen. Untrennbar mit der Stadtgeschichte verbunden ist auch die Ilmenau, auf der früher die stolze Lüneburger Handelsflotte die Segel setzte. Entlang des beschaulichen Flusslaufs kann man südwärts ausgedehnte Spaziergänge und Wanderungen unternehmen.

Touristinformation Lüneburg,
Am Markt (Rathaus), 21335 Lüneburg,
www.lueneburg.info

Hotel Einzigartig

Entzückendes Minihotel im Lüneburger Wasserviertel. Die helle, puristische Inneneinrichtung ist fantastischer Kontrapunkt zu den altehrwürdigen Mauern und Giebeln rundherum.
Lünertorstraße 3, 21335 Lüneburg,
www.hoteleinzigartig.de

Heide Kröpke

Das Wellnesshotel besticht vor allem durch seine Lage im Grünen und die vielen Entspannungsangebote. Paare können sich im Hochzeitszimmer mit eigener Dachterrasse einquartieren.
Esseler Damm 1, 29690 Essel,
www.hotel-heide-kroepke.de

Esszimmer

Winzig, aber fein: Nur rund ein Dutzend Personen finden im locker-sympathischen Esszimmer in der Lüneburger Altstadt Platz. Serviert wird vor allem mediterrane Kost mit viel frischem Gemüse; die Speisekarte wechselt wöchentlich. Am Wochenende unbedingt reservieren!
Rackerstraße 7, 21335 Lüneburg,
www.esszimmer-lueneburg.de

Hof Tütsberg

Frische Biolandküche mit vielen Spezialitäten aus der unmittelbaren Region. Eine Warnung an zartbesaitete Gäste: Die Karte enthält u. a. Ragout und Tafelspitz von der Heidschnucke. Unter dem Reetdach des hübschen Heidehofs ist auch ein kleines Hotel untergebracht.
Scharrler Straße,
29640 Schneverdingen-Heber,
www.tuetsberg.de

Sobald sich der dichte Buchenwald lichtet und den Blick auf die leuchtenden Kreidefelsen freigibt, sind Glücksgefühle auf der Halbinsel Jasmund garantiert.

06 Romantisches Rügen

Vorpommern-Rügen

Bis heute gelten die Kreideklippen Rügens, gesäumt von verwunschenen Buchenwäldern, als Sinnbild deutscher Romantik, das zahlreiche Künstler begeisterte. Berühmt wurden vor allem Caspar David Friedrichs »Kreidefelsen« (1818). Der Maler war regelrecht vernarrt in die Ostseeinsel und erkundete, mit Skizzenblock unterm Arm, nahezu jeden ihrer Winkel. Wer diese Begeisterung hautnah nachempfinden möchte, muss nur die Wanderschuhe schnüren und auf dem Küstenweg vom Fischerort Lohme Richtung Stubbenkammer und Königsstuhl aufbrechen. Am besten frühmorgens, bevor sich am Ticketschalter des Nationalparkzentrums lange Schlangen bilden. Doch vom Rügenvirus wird man nicht nur auf der Halbinsel Jasmund im Norden schnell infiziert. Auch auf der Halbinsel Mönchgut, Rügens südlichster Spitze, warten Landschaften wie aus dem Bilderbuch mit einsamen Naturstränden, sanften Hügeln und weiten Wiesen, über denen im Frühling die Bienen summen und Feldlärchen ihr fröhliches Lied singen. Wer sich im Sommer in und auf Rügen verliebt, darf sich nicht wundern. Das kommt hier ständig vor. Und vielleicht ist auch das ein Grund, warum man auf der Insel an so vielen außergewöhnlichen Orten den Bund fürs Leben schließen kann. Etwa auf der berühmten Seebrücke in Sellin, hoch oben am Kap Arkona im windumtosten Schinkelturm – oder im kleinen, gemütlichen »Raumschiff«, das 1968 als Ikone moderner Architektur am Strand von Binz landete und jetzt als Standesamt genutzt wird.

www.ruegen.de

Solthus am See
Romantisches Vier-Sterne-Haus im Grünen, alle Zimmer mit Balkon oder Terrasse. Großes Wellnessangebot mit Packages wie »Auszeit am See« oder »Meeresrauschen«.
Bollwerkstraße 1, 18586 Ostseebad Baabe, www.solthus.de

Jaich Wasserwelten
Hier kann man von der Türschwelle ins kühle Nass springen: Die schwimmenden Apartments und Pfahlhäuser am Putbusser Yachthafen bieten modernes Interieur und mit jeder Menge Komfort. Näher am Wasser geht nicht!
Am Yachthafen 1,
18581 Putbus,
www.im-jaich.de

Restaurant Freustil
Exzellente Sterneküche, die mit viel Finesse und Produkten aus der Region zubereitet, aber in erfreulich lockerer Wohnzimmeratmosphäre serviert wird. Empfehlenswert ist auch das vergleichsweise günstige Mittagsmenü.
Zeppelinstraße 8,
18609 Ostseebad Binz,
www.freustil.de, Mo, Di Ruhetag

Taun Hövt
Vielleicht das schönste Restaurant der Insel überhaupt, in dem man noch dazu hervorragend isst. Vor allem Fischliebhaber werden glücklich. Wer einen Platz auf der Terrasse ergattert, genießt zudem den grandiosen Weitblick.
Boddenstraße 61, 18586 Groß Zicker,
www.taun-hoevt.de

1 Nationalpark Jasmund

Wer noch nie auf Rügen war, steuert meist schnurstracks die Halbinsel Jasmund im Nordosten an. Anziehungspunkt sind hier vor allem der gleichnamige Nationalpark mit seinen spektakulären Kreidefelsen, die stumm und leuchtend weiß die Ostsee überragen – allen voran der majestätische Königsstuhl! Gesäumt werden sie von urwüchsigen Buchen, die den steilen Klippen oft so nahe kommen, dass man fürchtet, sie würden im nächsten Augenblick tief hinab in die tosende Brandung stürzen. Ohne den Wald, der seit einigen Jahren zum Unesco-Welterbe zählt, wäre die Landschaft hier wohl nur halb so reizvoll. Er ist von einem Netz aus Wanderwegen durchzogen, die sich vom Landesinneren immer wieder Richtung Küste schlängeln. Wenn sich das Dickicht dann langsam lichtet und das Säuseln der Blätter und Knacksen der Äste vom Rauschen des Meers übertönt wird, öffnen sich atemberaubende Küstenblicke, die auch Maler, Dichter und Romantiker vergangener Jahrhunderte in ihren Bann zogen.

Nationalparkzentrum Königsstuhl,
Stubbenkammer 2, 18546 Sassnitz,
www.nationalpark-jasmund.de

2 Ostseebad Binz

Flanieren, shoppen, planschen – oder es sich in einem der Strandkörbe mit einem Gläschen Sekt gutgehen lassen. Wer Abwechslung von Natur und Einsamkeit sucht, wird in Binz, dem stolzesten Seebad der Insel, fündig. Blickfang an der kilometerlangen Uferpromenade mit ihren Villen, schicken Restaurants und edlen Boutiquen ist das 1890 eröffnete Kurhaus, in dem heute ein Luxushotel untergebracht ist. Unweit des Hauptportals ragt eher schmal und nüchtern die Binzer Seebrücke ins Meer, die als Anleger für Ausflugsboote genutzt wird. Architekturfans zieht es ans südliche Strandende zur »Rettungsstation Binz«. Das raumschiffartige Konstrukt mit runden Ecken und großen Panoramafenstern wurde Ende der 1960er-Jahre vom Binzer Bauingenieur Ulrich Müther entworfen. Heute hat hier das Standesamt eine Dependance eröffnet, und der Turm ist eine beliebte, gut gebuchte Hochzeitslocation mit traumhaftem Meer- und Dünenblick.

Touristinformation Binz,
Heinrich-Heine-Straße 7, 18609 Binz,
www.ostseebad-binz.de

3 Hiddensee

Rügens Schwesterchen, mit der Fähre ab Schaprode erreichbar, ist ein Dorado für Naturfreunde und Ruhesuchende. Das ca.

Beste Reisezeit
Von Mitte Mai bis September zeigt sich Rügen von seiner besten Seite, und im Frühsommer verwandeln blühende Rapsfelder die Halbinsel Mönchgut in eine Zauberlandschaft. Im Juli und August kann es vor allem in den Seebädern unangenehm voll werden.

In der »Rettungsstation Binz« kann man auch in den sicheren Hafen der Ehe einlaufen.

20 Quadratkilometer kleine Eiland erkundet man am besten zu Fuß oder mit dem Fahrrad. Autos sind hier nicht erlaubt – und schon kurz nach Ankunft auf der Insel stellt sich ein behagliches Gefühl der Entschleunigung ein. Zeit nehmen sollte man sich auch für die Wanderung von Kloster zum Leuchtfeuer Dornbusch, das wie ein märchenhafter Elfenbeinturm über der Steilküste aufragt. Die Tour ist zwar ein Klassiker, aber die Landschaft trotz oft vieler Menschen unbeschreiblich schön. Ruhiger geht es in den Dörfern Neuendorf und Plogshagen in der Inselmitte zu. Hier kann man mit den Fischern klönen oder südwärts zum paradiesischen Strand am Leuchtfeuer Gellen wandern.

Touristinformation Hiddensee,
Achtern Diek 18a, 18565 Vitte,
www.seebad-hiddensee.de

4 Mönchgut

Den südöstlichsten Zipfel Rügens als Geheimtipp zu bezeichnen, ist sicherlich übertrieben. Und doch ticken die Uhren im Mönchgut und im umliegenden Biosphärenreservat sogar noch ein wenig langsamer als andernorts auf der Insel. Besonders pittoresk ist die Gegend rund um das Dorf Groß Zicker südlich von Gager mit seinen herausgeputzten Reetdachhäusern. Eines davon ist das denkmalgeschützte Pfarrwitwenhaus mit kleinem Bauerngarten und Museum. Es zählt zu den ältesten Wohnhäusern Rügens und ist ein beliebtes Postkartenmotiv. Das leckerste Fischbrötchen im Ort, vielleicht sogar das beste der ganzen Insel, bekommt man übrigens bei Dummrath in der Boddenstraße. Serviert werden hier aber auch andere Fischspezialitäten aus der Region. Mondäner geht es im Ostseebad Göhren mit seinen breiten Sandstränden zu. Weiter südlich, etwa bei Thiessow, erstrecken sich aber auch herrliche Naturstrände. Hier spazieren zu gehen ist vor allem abends kurz vor Sonnenuntergang ein Erlebnis. Von seiner lieblichsten Seite zeigt sich das Mönchgut an den von dichten Schilfgürteln, Kornfeldern und weiten Wiesen gesäumten Boddenbuchten mit verträumten Häfen und Fischerkaten. Die einzigartige Vielfalt dieser Landschaft erkundet man am besten und ganz gemütlich mit dem Fahrrad.

Biosphärenreservat Südost-Rügen,
Circus 1, 18581 Putbus,
www.biosphaerenreservat-suedostruegen.de

Nur wir zwei

Der rund 13 km lange **Hochuferweg** von Sassnitz entlang der Steilküste nach Lohme zählt zu den schönsten Wanderwegen im Norden Rügens. Einsam und friedvoll ist er vor allem in den frühen Morgenstunden, wenn die aufgehende Sonne die Ostsee und die Kreideklippen in zartes Licht taucht – was für regelrechte Endorphinschübe sorgt! Ein Highlight der Tour ist um diese Zeit auch der Viktoria-Blick auf den gegenüberliegenden Königsstuhl. Wer nicht die ganze Tour laufen möchte, kann auch ab Lohme bis zum Nationalparkzentrum wandern (ca. 5 km) und von hier ganz entspannt mit dem Bus zurück zum Ausgangspunkt fahren.
www.nationalpark-jasmund.de

07 Große Seensucht

Havelland

Windstill und einsam soll er sein. Aber bitte mit Abendsonne! Vielleicht da drüben am Schilf? Während die Parkplatzsuche beim Autofahren oft an den Nerven zehrt, macht sie beim Hausbooturlaub in Brandenburg richtig Spaß. Vor Anker gehen darf man hier fast überall, und oft fällt es schwer, sich für einen der vielen traumhaften Liegeplätze inmitten herrlicher Natur zu entscheiden. Auf besonders romantische Art und Weise durchschippert man Deutschlands wasserreichstes Bundesland mit seinen unzähligen Seen und Flüssen an Bord eines Bungalow-Hausboots. Die bunten schwimmenden Würfel bieten allen nur erdenklichen Komfort und sind neben Bad mit Dusche und WC sowie Küche und Schlafzimmer – inklusive Mückenschutzgitter – auch mit einer großen Veranda ausgestattet. Hier hechtet man direkt ins kühle Nass, heizt nach einem gemütlichen Sundowner den Grill an und packt nach Abendessen und Abwasch die Mundharmonika aus. Wer Natur und Einsamkeit überdrüssig wird, nimmt mit seinem »BunBo« einfach Kurs auf eines der schmucken havelländer Städtchen. Sogar Fahrräder für Landausflüge können hinzugebucht und an Bord verstaut werden. Doch einen kleinen Haken gibt es da noch: Aus Sicherheitsgründen benötigen Hobbyskipper einen Charterschein, der jedoch vor Ort nach ein paar Fahrstunden inklusive Theorietest ausgestellt wird.

www.bunbo.de
www.havelland-tourismus.de

Ein Boot? Nein, ein schwimmendes Apartment! Mit dem »BunBo« kann man Brandenburgs Seen und Flüsse mit allem Komfort erkunden, ist aber gleichzeitig mitten in der Natur. Und wo geht's hin? Bei der Planung des Abenteuers hilft natürlich das Charterunternehmen.

1 Brandenburg (Havel)

Vorsicht, wilde Tiere! Aber keine Angst, die »Waldmöpse« wollen nur spielen und Besucher necken. Erschaffen und in einem legendären Sketch verewigt hat sie Anfang der 1970er-Jahre Loriot, der in Brandenburg an der Havel geboren wurde. Dass heute mehr als ein Dutzend seiner gehörnten Schoßhunde die Stadt unsicher machen, ist dem hiesigen Kunstverein zu verdanken, der anlässlich der Bundesgartenschau 2015 die Künstlerin Clara Walter beauftragte, Loriots Kunstfiguren in Bronze zu gießen – als Reminiszenz an den großen Satiriker und Ehrenbürger der Stadt. Die Geschichte Brandenburgs, der »Wiege der Mark«, begann freilich weitaus früher. Davon zeugt auch der altehrwürdige Dom St. Peter und Paul, der auf eine romanische Basilika aus dem 12. Jh. zurückgeht und heute im Stil norddeutscher Backsteingotik auf der Dominsel in den Himmel ragt. Sie wird ringsum von den Flussarmen der Havel umspült und bildet gemeinsam mit Altstadt und Neustadt den sehr sehenswerten mittelalterlichen Stadtkern Brandenburgs, der zu einer kurzweiligen Reise in die Vergangenheit einlädt.

Touristinformation Brandenburg,
Neustädtischer Markt 3,
14776 Brandenburg (Havel),
www.erlebnis-brandenburg.de

Nur wir zwei

Die perfekte laue Sommernacht. Und am Himmel über dem Havelland leuchtet sogar der Vollmond! Sein fahles Licht spiegelt sich auf der glatten Wasseroberfläche, die heute wie ein Meer aus Silber glänzt. Also nichts wie rein ins Vergnügen, denn ein **Mondscheinbad** zu zweit in einem Brandenburger See ist ein unvergessliches Romantikabenteuer. Mit einem Satz springt man vom Hausboot ins Wasser. Gut, dass in der Feuerschale an Deck noch ein Holzscheit glüht. Hier kann man sich wieder aufwärmen und dann, eingemummelt in eine kuschelige Decke, die Sterne zählen.

2 Kloster Lehnin

Südöstlich der Stadt Brandenburg liegt das ehemalige Zisterzienserkloster Lehnin, das älteste seiner Art im Havelland. Es zählt heute zu den bedeutendsten Kultursehenswürdigkeiten der Region. Blickfang der Anlage mit ihrem hübschen Park ist die romanisch-gotische Klosterkirche St. Marien, ein Juwel norddeutscher Backsteinarchitektur. Die Geschichte der Abtei, nach der auch die umliegende Gemeinde benannt wurde, reicht bis ins 12. Jh. zurück. Damals gab es hier nichts als Sand und Sumpf. Und als Marktgraf Otto I. im Jahr 1180 eine Klosterstiftung ins Leben rief, verfolgte er damit nicht nur religiöse Motive: Die Mönche des Zisterzienserordens, die er in sein noch junges Herrschaftsgebiet holte, galten als besonders geschickt und fleißig. Neben dem Bau der Klosteranlage kümmerten sie sich auch um die Kultivierung der umliegenden Ländereien, gründeten Dörfer und Handwerksbetriebe und kurbelten so die gesamte Wirtschaft an. Bis zur Säkularisation und seiner Auflösung 1542 wuchsen Ruhm und Reichtum des Klosters von Jahr zu Jahr. Erreichen kann man Lehnin ab Brandenburg am besten mit Fahrrädern, die man sich in der Stadt mietet – oder schon an Bord dabei hat.

Klosterkirchplatz, 14797 Kloster Lehnin,
www.klosterlehnin.de

3 Potsdam

Die Landeshauptstadt Brandenburgs, einst stolze Königsresidenz, gilt als Tor zum Havelland, und die endlos verketteten Seen, Wälder und Moore, die sich von hier Richtung Westen ausdehnen, bilden das wohl schönste Landschaftsensemble der gesamten Region. Wer nicht sofort hinaus ins Grüne will, kann auch schon in Potsdam selbst einiges erleben. Vor allem Kultur! Das viel besuchte Highlight ist das Rokoko-Prunkschloss Sanssouci (www.spsg.de), häufig auch »Preußisches Versailles« genannt, das mitsamt seiner kunstvoll gestalteten Parkanlage zum Unesco-Welterbe zählt. Ein Besuch lohnt sich im Filmpark Babelsberg (www.filmpark-babelsberg.de).

Beste Reisezeit

In See stechen kann man von April bis Oktober. Badewetter herrscht jedoch nur im Hochsommer. In der Vor- und Nachsaison locken günstige Preise, und die Boote sind mit Heizung ausgestattet. Im Frühling und Herbst aber unbedingt warme Kleidung einpacken!

Amsterdamer Flair an der Havel findet man im Holländischen Viertel in Potsdam.

Heimeliges Kleinstadtflair genießt man beim Bummel durch die Gassen des Holländischen Viertels mit seinen malerischen roten Giebelhäuschen.

Touristinformation Potsdam,
Luisenplatz 3, 14471 Potsdam,
www.potsdamtourismus.de.de

4 Wasserstadt Werder

Eine hübsche alte Kastenmühle ist das Wahrzeichen Werders. Schon aus der Ferne grüßt sie mit ihrem markanten Flügelkreuz die Segelyachten, Motorboote und Kajaks, die aus allen Himmelsrichtungen an der Stadt vorbei oder auf sie zu gleiten. Denn Werders Zentrum liegt auf einer Insel, die nicht nur von der Havel, sondern auch von Schwielowsee, Glindower See und Großem Plessower See umspült wird. Wer an Land geht, findet in der Altstadt neben der Backsteinkirche auch nette kleine Läden, Cafés und Künstlerwerkstätten. Entlang der kopfsteingepflasterten Straßen und auf den Plantagen am Ortsrand blühen im Frühjahr unzählige Kirsch- und Apfelbäume. Dank ihrer fruchtbaren Böden wird in der Gegend seit jeher Obst und sogar Wein angebaut. Eine besondere Attraktion ist das Baumblütenfest der Stadt, das alljährlich Ende April unzählige Besucher aus nah und fern anlockt.

Touristinformation Werder,
Kirchstraße 6/7, 14542 Werder (Havel),
www.werder-havel.de

Brandenburger Tor

Elegantes Hotel, das mit stilvollen, ruhigen Zimmern, gutem Frühstück und seiner exzellenten Altstadtlage punktet. Von hier kann man alle Sehenswürdigkeiten bestens zu Fuß erreichen.
Brandenburger Straße 1,
14467 Potsdam,
www.hotel-brandenburger-tor.de

Poffertjes en Pannekoeken

Zwischen französischen Crêpes und niederländischen Pfannkuchen liegen Welten. Wer sich davon überzeugen und die Spezialität nach holländischer Art mit Apfel, Speck und Rosinen probieren möchte, ist hier richtig.
Mittelstraße 32, 14467 Potsdam,
www.poffertjes-en-pannekoeken.de

Kochzimmer

Heilbutt, Landschwein und Fritz'ens Stulle in einem Menü: Als »neue preußische Küche« bezeichnet das ambitionierte Kochzimmer-Team seine Kreationen. Das klingt zwar etwas hochgestochen – schmeckt aber wirklich fantastisch.
Am Neuen Markt 10, 14467 Potsdam,
www.restaurant-kochzimmer.de, So, Mo Ruhetag

Malabar

Hervorragende indische Küche direkt am Stadtkanal. Von der Terrasse hat man einen herrlichen Blick aufs Wasser. Täglich ab 17 Uhr Happy Hour mit solider Cocktailauswahl.
Potsdamer Str. 2,
14776 Brandenburg / Havel,
www.restaurant-malabar.de

08 Wie gemalt

Elbsandsteingebirge

Ahhh! Oooh! Manchmal ist der weite Ausblick über die Schluchten des Elbsandsteingebirges mit seinen Zinnen, Säulen und Würfeln aus zerklüftetem Fels so überwältigend schön, dass einem die Pferde durchgehen können. Im Rausch romantischer Gefühle sollte man daher achtgeben und seinem Schatz nicht allzu stürmisch um den Hals fallen. Denn ein Schritt zu viel – und es geht tief hinab! Besonders lautstark raunen und staunen Besucher auf der Aussichtsplattform des Ferdinandsteins, von dem sich ein Postkartenblick auf die gegenüberliegende Bastei, das Wahrzeichen der Sächsischen Schweiz, öffnet. Dabei handelt es sich um eine steil aufragende Felsformation hoch über dem Elbtal, unweit des Kurorts Rathen, an der eine rund 80 Meter lange Bogenbrücke aus Sandstein klebt. Schon Anfang des 19. Jahrhunderts zog der Ort Künstler und Träumer magisch an. Auch der Maler Caspar David Friedrich studierte die Gegend aus allen nur erdenklichen Perspektiven und verewigte sie in Zeichnungen und Gemälden. Damals, als es noch kein gesichertes Wegenetz gab, war das Wandern in der Sächsischen Schweiz nicht ganz ungefährlich. Heute ist die Region bestens erschlossen und der Nationalpark lockt jährlich Hunderttausende Naturliebhaber und Touristen aus aller Welt an. Wer jedoch im Herbst anreist und die beliebte Malerroute links liegen lässt, erlebt das Elbsandsteingebirge als zauberhaftes Anderswo, das hinter jeder Wegbiegung mit neuen Glücksmomenten überrascht.

www.saechsische-schweiz.de

Die 305 m hohe Bastei wird von einer kolossalen Sandsteinbrücke flankiert und ist stolzes Wahrzeichen des Nationalparks Sächsische Schweiz. Das Gebiet geht jenseits der tschechischen Grenze nahtlos in die Böhmische Schweiz über.

1 Malerweg

Romantiker wird der 112 km lange Malerweg beflügeln, auf dem schon Caspar David Friedrich, Adrian Ludwig Richter und andere Künstler des 19. Jh. mit ihren Skizzenblöcken die Sächsische Schweiz erkundeten. In acht Tagesetappen führt die Rundtour zu den schönsten Gipfeln, Tälern, Burgen und Aussichtspunkten im und um den Nationalpark. Die ersten 68 Wanderkilometer – von Liebenthal bis Schmilka – verlaufen nördlich der Elbe. Kurz vor der tschechischen Grenze geht es mit der Fähre hinüber zum linken Elbufer, wo sich die Route in weitem Bogen Richtung Pirna wieder zurück zum Ausgangspunkt schlängelt. Natürlich muss man nicht alle Etappen am Stück laufen und kann nach Lust und Laune in den Fernwanderweg einsteigen. Besonders beliebt sind die zweite und vierte Etappe. Nummer zwei (ca. 13 km, 5 Std.) führt von Wehlen nach Hohnstein und macht an der Basteibrücke, der bekanntesten Sehenswürdigkeit des Elbsandsteingebirges Station. Auf der anspruchsvollen Etappe vier von Altendorf zur Neumannmühle (18 km, 7 Std.) taucht man ins zerklüftete Herz des Nationalparks mit seinen tiefen Schluchten, luftigen Klettersteigen und spektakulären Aussichtspunkten ein.

www.saechsische-schweiz.de/malerweg

Nur wir zwei

Im **Schlosshotel Gaußig** zwischen Bautzen und Bischofswerda fühlt man sich wie in einem Roman von Jane Austen. Ein rund 30 Hektar großer, wildromantischer Landschaftspark umgibt den einstigen Adelssitz, der bereits im 13. Jh. urkundlich erwähnt und für den exklusiven Hotelbetrieb mit viel Sinn und Sinnlichkeit restauriert wurde. Logiert wird in luxuriösen Gästezimmern oder Suiten mit Himmelbett und eleganten Antiquitäten aus edlem Holz. Da jedes Zimmer anders gestaltet ist, sollte man sich vor der Buchung über die Ausstattung informieren. Entspannen können Prinz und Prinzessin im modernen Wellnessbereich – oder natürlich beim stillen Lustwandeln im blühenden Schlossgarten.
An der Kirche 2,
02633 Doberschau-Gaussig,
www.schloss-gaussig.de

2 Klettern im Felsenparadies

Da helfen selbst Helm, Seil, Gurt und die beruhigenden Worte des Trainers nichts: Wer zum ersten Mal an einer der steilen Felswände des Elbsandsteingebirges klebt, spürt schnell, wie das Adrenalin den Körper flutet und sich prickelnd bis in die Haar- und Zehenspitzen ausbreitet. Gut so! Denn für den Kick hat man ja schließlich bezahlt. Wer sich fürs Klettern in der Sächsischen Schweiz interessiert, kann einen Schnupperkurs, Tageskurse oder auch mehrtägige Intensivkurse buchen – auf Wunsch ganz individuell und nur für zwei Personen. Einsteiger müssen zwar etwas Nervenstärke, aber ansonsten weder Vorkenntnisse noch Ausrüstung mitbringen. Auch der abendliche Muskelkater ist im Paketpreis inbegriffen. Und zudem die gradiosen Ausblicke von einsamen Felsplateaus, die man so schön nicht einmal auf dem Malerweg erlebt.

Kletterschule Lilienstein,
Ringweg 33 f, 01814 Porschdorf,
www.kletterschule-lilienstein.de

3 Pirna

Bis nach Dresden sind es noch ein paar Kilometer, doch schon Pirna versprüht viel Glanz und italienisches Flair. Das spürte wohl auch der venezianische Maler Bernardo Bellotto alias Canaletto auf den ersten Blick. Er schloss das kleine Städtchen im Elbtal sofort ins Herz und verewigte es Mitte des 18. Jh. in insgesamt elf seiner großformatigen Werke, die man in der Gemäldegalerie Alte Meister in Dresden bestaunen kann. Noch heute sieht Pirnas herausgeputzter Marktplatz mit seinen vielen Barock- und Renaissancebauten, die zusammen mit der Marienkirche ein eindrucksvolles Ensemble bilden, wie ein Gemälde aus. Reich wurde die Stadt einst durch den Handel mit Sandstein, der von hier in großen Blöcken über

Beste Reisezeit

Heiße Sommer und kalte Winter sind typisch für das Klima im Elbsandsteingebirge. Am angenehmsten ist es hier im Spätsommer und Herbst sowie im Frühjahr, wenn die Märzenbecher blühen. Dann herrschen auch ideale Wander- und Kletterbedingungen.

Vor der Brühlschen Terrasse mit ihren Prachtbauten stehen die Dresdner Ausflugsboote Schlange.

die Elbe nach Dresden und Berlin, aber auch nach Kopenhagen, Antwerpen und in andere Metropolen verschifft wurde und neben dem Brandenburger Tor und Zwinger in vielen ikonischen Meisterbauwerken Europas Verwendung fand.

Touristinformation Pirna,
Am Markt 7, 01796 Pirna,
www.pirna.de

4 Dresden

So schön, so nah! Nur rund eine Stunde dauert die Autofahrt von der Sächsischen Schweiz ins Dresdner Zentrum. Frauenkirche, Zwinger, Semperoper, Blaues Wunder und Residenzschloss sind nur einige der vielen Attraktionen der sächsischen Landeshauptstadt, die nicht ohne Grund den Beinamen »Elbflorenz« trägt. Den buchstäblich malerischsten Blick auf die barocke Stadtsilhouette genießt man von den Elbwiesen am rechten Elbufer, die sich perfekt für ein idyllisches Picknick eignen. Auch hier kann man auf den Spuren Canalettos wandeln. Den berühmten Blick, den der venezianische Künstler und Hofmaler des sächsischen Kurfürsten Friedrich August II. im Jahr 1748 auf Leinwand bannte, findet man am Königsufer unterhalb der Augustusbrücke. Das jüngst aufwendig restaurierte Gemälde kann in der Galerie Alte Meister im Zwinger bestaunt werden.

Touristinformation Dresden (Frauenkirche),
Neumarkt 2, 01067 Dresden,
www.dresden.de

Elbresidenz an der Therme

Komfortables Wohlfühldomizil in Bad Schandau direkt am Ufer der Elbe. Der Nationalpark liegt nur ein paar Autominuten entfernt, die weitläufige Toskana Therme mit Schweigebecken und Unterwassermusik gleich nebenan.
Markt 1–11, 01814 Bad Schandau,
www.toskanaworld.net > Elbresidenz

Hyperion am Schloss

Fünf-Sterne-Luxus mit fröhlich-modernen Zimmern und einzigartiger Dachterrasse unweit von Semperoper, Schloss und Frauenkirche. In den historischen Steinkellern des Hauses befindet sich ein Wellnessbereich mit Fitnessraum.
Schlossstraße 16, 01067 Dresden,
www.h-hotels.com/de/hyperion

Genuss-Atelier

Hier trifft Naturstein auf modernes Mobiliar und Vorstadtflair auf junge, ambitionierte Spitzengastronomie. Serviert wird zeitgemäß interpretierte Regionalküche aus frischen Zutaten, die auf unnötigen Schnickschnack verzichtet.
Bautzner Straße 149, 01099 Dresden,
www.genuss-atelier.net, Mo, Di Ruhetag

Gasthaus Ziegelscheune

Gemütlich-rustikaler Landgasthof im Fachwerkstil, der sich auf böhmische und sächsische Küche spezialisiert hat. Die wird mit internationalen Akzenten verfeinert – und auf der Terrasse mit Elbblick kann man ganz weltläufig auch einen Aperol Spritz bestellen.
Elbweg 22, 01814 Krippen,
www.ziegelscheune.de

Fürstlich logieren, wo
andere nur kurz vorbeischauen:
Wer sich im Romantik-Hotel auf der
Wartburg einquartiert, erlebt das Unesco-
Welterbe von einer ganz besonderen Seite.

09 Burggeflüster

Thüringer Wald

Dass sich humorvolle Gäste an der Rezeption als »Junker Jörg« vorstellen, erlebt das Team des Romantik-Hotels auf der Wartburg immer wieder – und quittiert den Scherz natürlich stets mit freundlichem Lächeln. Als Martin Luther unter diesem Decknamen im Mai 1521 seine erste Nacht in einem zugigen Burgzimmer hoch oben über Eisenach verbrachte, war ihm vermutlich nicht so leicht ums Herz. Schließlich hatte sich der einflussreiche Theologe und Kirchenerneuerer mächtige Feinde gemacht, die ihm nach dem Leben trachteten. So wurde der damals 37-Jährige von seinen Anhängern kurzerhand in Schutzhaft genommen. Ob ihm auf der Wartburg langweilig war? Wohl kaum. Im Exil konnte sich Luther in aller Ruhe seiner Arbeit widmen, übersetzte in nur elf Wochen das Neue Testament ins Deutsche und legte so den Grundstein für den Protestantismus, der sich später auf der ganzen Welt verbreitete. Grund zur Langeweile haben die Gäste des Hotels auf der Wartburg heute noch viel weniger, und Luther hätte sie wohl um ihre Bewegungsfreiheit beneidet: Südlich von Eisenach erstreckt sich der 170 Kilometer lange Rennsteig, links und rechts davon unzählige weitere Wanderwege, die zu aussichtsreichen Gipfeln, malerischen Tälern und vorbei an schmucken Dörfern und Städten führen. Ein paar Tage reichen freilich nicht aus, um all das zu erkunden. Und wer mit Fünf-Sterne-Luxus auf einem Burgberg logiert, will sich schließlich auch erholen. Nach einem erlebnisreichen Tag ist es ein Genuss, vom Parkplatz unterhalb der Burg hinauf zum Hotel zu schlendern. Wenn die letzten Tagestouristen ihre Rucksäcke gepackt haben, die Ausflugsbusse wieder ins Tal rollen und die Burgtore schließen, kehrt hier oben tatsächlich Stille ein, und die uralten Mauern der Festung beginnen zu flüstern. Wer will, entspannt müde Muskeln vor dem Abendessen noch in der Sauna. Und auf den Liegen vor dem Wellnessbereich kann man unter freiem Himmel die Abendsonne genießen. Blutrot blitzen ihre letzten Strahlen hinter den Wipfeln des Thüringer Waldes hervor. Ob einst auch Junker Jörg dieses Naturschauspiel vom Fenster seiner Stube aus beobachten konnte?

www.wartburghotel.de

Landgrafenstuben
Warum in die Ferne schweifen? In den Landgrafstuben oben auf der Wartburg wird raffinierte Gourmetküche serviert. An einer ganz besonderen Beilage, dem Terrassenblick über den Thüringer Wald, kann man sich übrigens nicht sattessen.
Auf der Wartburg 2, 99817 Eisenach,
www.wartburghotel.de

Verrücktes Kartoffelhaus
Bei so viel bunter Deko vergisst man im verrückten Kartoffelhaus doch glatt, dass man zum Essen hier ist. Und was gibt's? Rustikale Thüringer Kost – und natürlich leckere Knollen in allen Variationen.
Sophienstraße 44, 99817 Eisenach,
www.kartoffelhaus-eisenach.de

Restaurant im Kurhaus
Verwöhnadresse im schönen Kurhaus von Bad Salzungen mit Blick auf den Burgsee. Langschläfer kommen gerne sonntags und genießen den reichhaltigen Brunch. Unbedingt reservieren!
Burgseestraße 12,
36433 Bad Salzungen,
www.hotel-kurhaus-badsalzungen.de

Berghotel Eisenach
Exklusive Menüs und sehr abwechslungsreiches À-la-carte-Angebot mit regionalem Schwerpunkt, das auch Vegetarier glücklich macht. Von der Terrasse genießt man einen grandiosen Blick auf die Wartburg; bei schlechtem Wetter speist man im eleganten Wintergarten.
An der Göpelskuppe 1,
99817 Eisenach,
www.berghotel-eisenach.de

Allein unter Schafen: Beim Wandern in der Thüringer Rhön genießt man die Einsamkeit.

1 Eisenach

Wartburg? Da war doch was? Ja, genau: Im VEB Automobilwerk Eisenach (AWE) liefen bis zur Wende die Fahrzeuge der, neben dem Trabant, berühmtesten DDR-Automarke vom Band. Wer damals einen der begehrten Viertürer haben wollte, musste bis zur Auslieferung allerdings ein gutes Jahrzehnt warten. So viel Geduld braucht man am Kassenschalter der Automobile Welt Eisenach (www.awe-stiftung.de) zum Glück nicht. Das Museum lässt die über hundertjährige Automobilbaugeschichte der Residenzstadt Revue passieren und zeigt alle ostalgischen Serienmodelle des Wartburg, die heute beliebte Sammlerobjekte sind. Zu Lebzeiten Martin Luthers (1483–1546) und Johann Sebastian Bachs (1685–1750) war man hier freilich noch mit Pferdekutschen unterwegs. Das Bachhaus (www.bachhaus.de) informiert über die Jugendjahre des berühmten Komponisten, der in Eisenach geboren wurde. Im Museum kann man sein Werk multimedial mit allen Sinnen erleben. Luther besuchte Ende des 15. Jh. in Eisenach die Lateinschule und soll im heutigen Lutherhaus (www.lutherhaus-eisenach.com) zur Untermiete gewohnt und Vokabeln gepaukt haben. Von diesem Fachwerkbau, der zu den ältesten Thürigens zählt, ist es nicht weit zum Markt und zur Georgenkirche, wo der Reformator einst von der Kanzel predigte und in der Bach getauft wurde.

Touristinformation Eisenach,
Markt 24 (im Stadtschloss), 99817 Eisenach,
www.eisenach.info

2 Auf dem Metilstein

Eine zerzauste Eiche und eine windschiefe Kiefer klammern sich an einen Felsvorsprung auf dem Metilstein (365 m), dem charmanten Eisenacher Hausberg. Zwischen ihren Baustämmen lädt eine gemütliche Holzbank zur Rast ein. Der Blick von hier auf die gegenüberliegende Wartburg und bis weit über Eisenach und sein prächtiges Villenviertel ist vor allem in den Abendstunden – wenn Tagestouristen und Ausflugsbusse längst auf dem Heimweg sind – ein einsames, reizvolles Erlebnis.

Start an der Wartburgschleife unterhalb der Burg (Eselstation); ca. 40 Min. bis zum Aussichtspunkt

3 Arnstadt

Verwinkelte Gassen, stolze Kirchen und viel Kopfsteinpflaster und Fachwerk prägen das mittelalterliche Stadtbild von Arnstadt, das im Jahr 704 erstmals urkundlich erwähnt wurde und zu den ältesten Orten Deutschlands zählt. Nicht zuletzt wurde hier angeblich die Thüringer Bratwurst erfunden. Stolz ist man aber auch auf Johann Sebastian Bach, der in jungen Jahren in Arnstadt seine erste Anstellung als Organist fand. Neben der heute nach Bach benannten Neuen Kirche am Markt zählen die eindrucksvolle romanisch-gotische Liebfrauenkirche sowie das Neue Palais mit Schlossmuseum zu den Topattraktionen der einstigen Residenzstadt.

Touristinformation Arnstadt,
Markt 1, 99310 Arnstadt,
www.arnstadt.de

Beste Reisezeit

Im Sommer kann es in Thüringen ganz schön heiß werden. Zudem sind Wanderwege und Wartburg während der großen Ferien überlaufen. Durchatmen und bei angenehmen Temperaturen weite Ausblicke genießen kann man hier am besten im Frühling und Herbst.

4 Deutsches Bratwurstmuseum

Während viele Dinge im Leben nur eines haben, hat die Wurst bekanntlich zwei. Das ist praktisch, denn so können frisch Verliebte zeitgleich an beiden Enden ihrer Thüringer Rostbratwurst knabbern und sich so auch beim Essen ganz ungeniert näher kommen. Die über die Landesgrenzen hinaus bekannte Spezialität probiert man am besten in der rustikalen »Bratwurstscheune« im Dorf Holzhausen bei Arnstadt. Vor der Einkehr lohnt sich ein Besuch im kuriosen Deutschen Bratwurstmuseum gleich nebenan. Hier erfährt man alles über die Geschichte, Produktion und traditionelle Zubereitung der Thüringer Leibspeise und kann sich zudem in der größten begehbaren Bratwurst der Welt umsehen. Das macht Appetit und Spaß!

Bratwurstweg 1, Holzhausen,
99334 Amt Wachsenburg,
www.bratwurstmuseum.de

5 Thüringer Rhön

Gar nicht so einfach, sich gegen Rennsteig & Co. zu behaupten. Doch der Thüringer Rhön gelingt das mit viel ursprünglichem Charme. Ihre Landschaften, die zum Biosphärenreservat Rhön zählen, sind offener als im Thüringer Wald. Und ihre Wege, die sich vorbei an Wiesen und Wacholderheiden Richtung Unendlichkeit winden, hat man oft für sich alleine. Herrliche Wanderreviere finden sich am Ellenbogen (813 m hoch) mit seinem avantgardistischen Aussichtsturm »Noahs Segel« (www.arche-rhoen.de) sowie rund um die Hohe Geba (751 m) westlich von Meiningen.

Biosphärenreservat Rhön / Thüringen,
Goethestraße 1, 36452 Zella (Probstei),
www.biosphaerenreservat-rhoen.de

Nur wir zwei

Im Dunkeln ist gut munkeln: Die romantische **Drachenschlucht** südlich der Wartburg ist ein perfekter Ort, um zärtliche Geheimnisse auszutauschen – oder einfach nur ein sagenhaftes Naturwunder zu genießen. Durch die rund 200 m lange Klamm führt ein verschlungener, aus Holzbohlen und Metallgittern konstruierter Pfad, unter dem sich der tosende Marienbach beharrlich und unüberhörbar seinen Weg bahnt. An ihrer engsten Stelle ist die Schlucht nicht einmal eine Armlänge breit. Links und rechts türmen sich bis zu 10 m hohe Felswände auf. Wer möchte, kann über einen Rundweg (11 km, 3,5 Std.) auch die benachbarte, etwas lieblichere Landgrafenschlucht besuchen.
Ausgangspunkt: Wanderparkplätze Mariental oder Hohe Sonne an der B19

10 Perlentauchen am Rhein

Oberes Mittelrheintal

Man darf zwar offiziell – sollte aber nicht unbedingt: Allein die starke Strömung und der rege Schiffsverkehr machen das Baden im Rhein zum riskanten Vergnügen. Und die Wasserqualität? Na ja. Wer seinen Urlaub im Oberen Mittelrheintal verbringt, kann Schwimmbrille und Schnorchel also guten Gewissens zu Hause lassen. Nach Perlen taucht man hier ohnehin nicht in den Tiefen des Stroms, sondern an seinen steilen, malerischen Ufern. Denn zwischen Bingen und Koblenz gleicht der verschlungene Flusslauf einem kostbaren Collier, an dem Burgen, Schlösser, Städte und Dörfer über die Jahrhunderte wie Schmuckstücke aufgefädelt und immer weiter aufpoliert wurden. Kein Wunder also, dass die Unesco den Landstrich und seine bewegte Geschichte zum Weltkulturerbe erklärt hat. Und es erstaunt auch nicht, dass die »Rheinromantik« mitsamt der künstlerischen Blüten, die sie im 19. Jahrhundert hervorbrachte, genau hier aufkeimte. Ins Rollen brachten den »Run« auf den Mittelrhein einst Schriftsteller wie Friedrich Schlegel, Achim von Arnim und Clemens Brentano, die ihre Begeisterung für die Landschaft in Reiseberichten, Romanen und Balladen niederschrieben und sie mit hiesigen volkstümlichen Sagen verwoben. Ihrem schwärmerischen, von der Sehnsucht nach mittelalterlicher Mystik befeuertem Lockruf folgten Maler aus nah und fern – und ihre Gemälde und Kupferstiche gingen als Postkarten und Kunstdrucke um die Welt. Aber auch wohlhabende Aristokraten und Schwärmer zog es in die Gegend. Sie kauften bröckelnde Burgruinen, renovierten sie und erfüllten sich so den Traum vom eigenen Märchenschloss. Bis heute sind die Popularität und der Zauber der Region ungebrochen. Doch nicht nur die hinreißenden Ausblicke auf Vater Rhein vor historischer Kulisse, auch die exzellenten Weine, die an seinen sonnenverwöhnten Hängen gedeihen, machen die Reise ins Obere Mittelrheintal zu einem genussvollen Erlebnis!

www.welterbe-mittelrhein.de

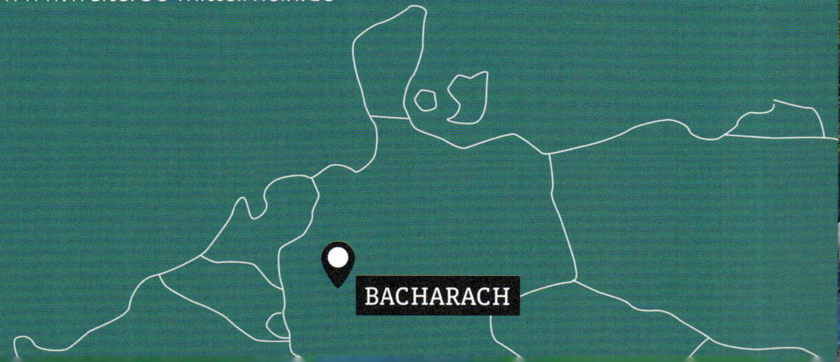

Die märchenhafte Burg Stahleck bei Bacharach zählt zu den schönsten im Oberen Mittelrheintal. Nur eine Flussbiegung weiter soll einst die Loreley vorbeifahrende Schiffer bezirzt und in die Havarie getrieben haben.

1 Bingen am Rhein

In Bingen dreht sich alles um den Wein, und man muss aufpassen, dass einem das pittoreske Städtchen mit seinen vielen Schenken und edlen Tropfen nicht allzu sehr den Kopf verdreht. Der Rhein, aus südlicher Richtung von der Nahe gespeist, biegt hier im eleganten Bogen nach Norden ins Obere Mittelrheintal ab, und an seinen Ufern treffen mit Rheinhessen, Nahe, Rheingau und Mittelrhein gleich vier traditionsreiche Weinanbaugebiete aufeinander. Kein Wunder also, dass das elftägige Bingener Winzerfest in puncto Dauer, Stimmung und kulinarischer Vielfalt andere Weinfeste der Republik in den Schatten stellt. Publikumsmagnet ist die drei Kilometer lange Promenade an der Rheinfront (www.kulturufer-bingen.de) mit ihren Parks, Gärten und Industriedenkmälern sowie grandiosen Ausblicken auf den Fluss, die Burg Ehrenfels und den Mäuseturm. Im Wahrzeichen der Stadt, so erzählt es die Legende, suchte einst der grausame Mainzer Erzbischof Hatto II. Zuflucht vor dem Zorn des hungrigen Volks und einem Schwarm kleiner Nager. Letztere folgten ihm jedoch auf die Mäuseinsel und, nun ja – er kam dort auf unschöne Weise ums Leben.

Touristinformation Bingen am Rhein,
Rheinkai 21, 55411 Bingen,
www.bingen.de

Nur wir zwei

Abseits des Trubels – und doch nah am Rhein: Das **Bollants Spa in Bad Sobernheim** ist das romantische i-Tüpfelchen für alle, die sich in der Gegend verwöhnen und wohlfühlen wollen. Herz und Seele des Resorts ist ein verwunschener Jugendstilpark mit uralten Bäumen, Hecken, bunten Blumenbeeten, Badeteichen, Pools und versteckten Liegewiesen. Versteckt ist hier auch so manche Unterkunft, denn Gäste haben die Qual der Wahl: Logieren in einem kleinen, süßen Häuschen mit spitzem Giebel – oder in der modernen Suite? Oder doch im rustikalen Chalet am Waldrand? Besonders kuschelig sind übrigens die Spa-Lodges, die mit riesiger Terrasse und privatem Außenwhirpool ausgestattet sind.
Felkestraße 100,
55566 Bad Sobernheim,
www.bollants.de

2 Bacharach

Die auf einem Bergsporn hoch über dem Rheintal gelegene, von Weinbergen umgebene Burg Stahleck ist malerischer Blickfang Bacharachs. Die gedrungene, Ende des 11. Jh. erbaute Festung galt als nahezu unbezwingbar, wurde jedoch im Laufe ihrer Geschichte immer wieder angegriffen und beschädigt. Die schönsten Nah- und Fernblicke auf das Wahrzeichen genießt man auf der vierstündigen Stahlberg-Schleife, einem 13 km langen Rundweg, der aus der Stadt hinauf zum Burgberg und dann über dem Münzbachtal weiter zur Ruine Stahlberg führt. Wem das zu schweißtreibend ist: Entspanntes Schlendern durch Bacharachs verträumte, von uraltem Fachwerk gesäumte Gassen hinauf zur spätgotischen Wernerkapelle sorgt ebenfalls für euphorische Glücksgefühle – und beseelte einst auch Dichter wie Achim von Arnim und Clemens Brentano.

Touristinformation Rhein-Nahe,
Oberstraße 10, 55422 Bacharach,
www.rhein-nahe-touristik.de

3 Loreleyfelsen

Wenn man ehrlich ist: Die Ballade »Lore Lay«, die der Dichter Clemens Brentano zu Beginn des 19. Jh. niederschrieb, ist romantischer als der gleichnamige, 132 m hohe Schieferberg, der bei St. Goarshausen in den Himmel ragt. Dank Souvenirshops und Restaurants wirkt sein Gipfelplateau heute wie ein Rummelplatz. Ruhiger ist es am linksrheinischen Hochufer bei Urbar. Hier kann man sich, mit Reclam-Heftchen und Wein ausgerüstet, Balladen vorlesen und den Blick auf Rheinkurve und Loreley sowie die Burgen Katz und Maus genießen.

Besucherzentrum Loreley,
Auf der Loreley, 56346 St. Goarshausen,
www.loreley-besucherzentrum.de

Beste Reisezeit

Im Spätsommer läuten die zahlreichen Wein-, Winzer- und Heimatfeste den Beginn der Weinlese ein – und Genießer kommen besonders auf ihre Kosten. Reizvoll ist die Gegend auch im Frühling, der im Mittelrheintal milder ist als im Rest der Republik.

Im Bollants Spa im Park kann man abtauchen und gemeinsam neue Kräfte tanken.

4 Boppard

Schon aus der Ferne grüßen die beiden Türme der Severuskirche. Sie zählt neben der Alten Burg mit dem städtischen Museum (www.museum-boppard.de), der mittelalterlichen Stadtbefestigung und dem Römerkastell zu den wichtigsten kulturellen Sehenswürdigkeiten der Stadt. Mindestens genauso beliebt sind die vielen Aussichtspunkte und Ausflugsmöglichkeiten rund um Boppard, etwa der berühmte Vierseenblick oder die landschaftlich atemberaubende Fahrt mit der Hunsrückbahn (www.hunsrueckbahn.de) von Boppard über Buchholz nach Emmelshausen.

Touristinformation Boppard,
Marktplatz / Altes Rathaus, 56154 Boppard,
www.boppard-tourismus.de

5 Koblenz

Hier, in der drittgrößten Stadt in Rheinland-Pfalz, mündet die Mosel in den Rhein. Bestaunen kann man die Verschmelzung am Deutschen Eck, einer künstlichen Landzunge, die trotz ihrer monumentalen Weitläufigkeit in den Abendstunden idyllisches Flair versprüht. Hoch über Koblenz wacht die Festung Ehrenbreitstein, umgeben vom immer noch sehr sehenswerten Gelände der Bundesgartenschau des Jahres 2011. Spektakulär ist die Fahrt dorthin mit der Seilbahn, die von den Rheinanlagen am Deutschen Eck lautlos über den Fluss hinauf zum Burgplateau schwebt.

Touristinformation Koblenz,
Zentralplatz 1, 56068 Koblenz,
www.koblenz-touristik.de

Weinbergschlösschen

Hier ist der Name Programm: Das kleine, familiengeführte Märchenschloss liegt versteckt in einem Seitental nahe des Rheins – umrahmt von grünen Weinbergen. Wunderschöne, erschwingliche Suiten mit eigener Sonnenterrasse.
Hauptstraße 2, 55413 Oberheimbach,
www.weinberg-schloesschen.de

Schloss Vollrads

Stilvolles Weingut, das für seine Rieslinge bekannt ist. In der Vinothek kann man sich nach Herzenslust durchprobieren, auf der herrlichen Terrasse des Gutsrestaurants dazu auch noch regionale Leckerbissen genießen.
Vollradser Allee,
65375 Oestrich-Winkel,
www.schlossvollrads.com, Mi Ruhetag

Le Jardin

Ein kleiner Wald aus Blumen, die bunt aus Töpfen und Kästen ranken, umgibt das Gartenrestaurant direkt am Rheinufer. Zum Flussblick werden Snacks und Speisen aus der Region, aber auch Kaffee und Kuchen serviert.
Rheinallee 41, 56154 Boppard,
www.bellevue-boppard.de

Restaurant im Pegelhaus

Unter der Glaskuppel des Pegelhauses genießt man auch bei Schmuddelwetter den wundervollen Blick auf den Rhein und die Festung Ehrenbreitstein. Moderne Küche mit mediterraner Note.
Konrad-Adenauer-Ufer 1,
56068 Koblenz, www.voap.restaurant-pegelhaus.de, Di Ruhetag

11 Je tiefer das Blau

Chiemgau

Man braucht nur etwas Fantasie, um sich Herren- und Fraueninsel als manchmal zankendes, aber doch glückliches altes Ehepaar vorzustellen. Die beiden kennen sich nun wirklich schon ein Weilchen. Genauer gesagt seit über 10 000 Jahren! Damals schmolzen die Gletscher der letzten Eiszeit ab und hinterließen den Chiemsee als nachtblaues Meer am Fuße der Alpen – mitsamt beider Inseln, die sich unweit des Nordwestufers einträchtig aus dem Wasser wölben. Während die Herreninsel mit ihrer Größe und einem königlichen Märchenschloss prahlt, punktet die kleinere Fraueninsel mit dörflichem Charme, der vermutlich leckersten Renkensemmel Oberbayerns und einer uralten Klosterkirche, deren Turm mit barocker Zwiebelhaube als weithin sichtbares Wahrzeichen in den Himmel ragt. Über notorische Gockeleien ihres »Gatten« sieht sie daher selbstbewusst hinweg. Und so ergänzen sich die beiden bis heute perfekt. Auch Besuchern macht es Spaß, das ungleiche Traumpaar beim Inselhopping zu besuchen – an Bord eines Linienschiffs der Chiemseeflotte oder auf eigene Faust mit dem SUP-Board, Ruderboot oder Kajak. Überhaupt ist der Chiemsee ein Paradies für Wasserratten, denn auf dem fast 80 Quadratkilometer großen »Bayerischen Meer« findet jeder Platz – und an den Stränden und Buchten rundherum zudem viele stille Plätzchen für romantische Stunden. Es lohnt sich, auch die Abendstunden am See zu verbringen: Das Farbenspiel des Sonnenuntergangs stellt jedes Kerzenlicht in den Schatten und der Weitblick auf den Alpenkamm ist spannender als jede Netflixserie. Darüber hinaus entfällt der Streit ums TV-Programm komplett – das können Herren- und Fraueninsel mit Sicherheit bestätigen!

www.chiemsee-alpenland.de

Zum Greifen nah? Fast 1000 Meter See liegen zwischen dem Ufer von Gstadt und der Nordspitze der Fraueninsel. Wer schwimmen möchte, muss also fit sein. Bequemer setzt man mit der Chiemseeflotte über.

1 Herrenchiemsee

Haben Sie ein Déjà-vu? Das Neue Schloss auf Herrenchiemsee ist quasi ein Doppelgänger des berühmten Château de Versailles bei Paris. Mit dem Prunkbau erfüllte sich der bayerische Märchenkönig Ludwig II. Ende des 19. Jh. seinen letzten fulminanten Wohntraum. Ein dreistes Plagiat? Nein, vielmehr eine Hommage an Sonnenkönig Ludwig XIV., den der bayerische Regent und Exzentriker innig verehrte. Übrigens ähneln sich nicht nur die Frontfassaden der Schlösser auf verblüffende Weise, sondern auch viele der verschwenderisch ausgestatteten Innenräume. So ist der Spiegelsaal des »Bayerischen Versailles«, der sogar etwas weitläufiger als das Original angelegt wurde, kaum von seinem pompösen Vorbild zu unterscheiden. Doch der ganze Zauber fand ein Ende, als Ludwig II. kurz vor seinem Tod das Geld ausging: Nur 20 der geplanten 70 Zimmer wurden fertiggestellt. Mit einer Fläche von knapp 240 Hektar ist die Herreninsel die größte der drei Chiemseeinseln und eignet sich hervorragend für ausgedehnte Spaziergänge. Aber Vorsicht: Wer sich zu weit vom Anleger entfernt, verpasst vielleicht das letzte Boot.

Direktverbindung mit dem Boot ab Prien/Stock (Hafen) und Bernau/Felden, www.chiemsee-schifffahrt.de

Nur wir zwei

Die **Krautinsel** ist die kleinste der drei Chiemseeinseln, und man erreicht sie nur mit dem Ruderboot oder **Kajak**. Die Fahrt dorthin über den See ist ein kleines, aber unvergessliches Wasserabenteuer. Wer morgens oder abends aufbricht, findet garantiert noch eine einsame Badebucht für romantische Zweisamkeit. Ein reizvolles Erlebnis ist auch eine Kanu- oder Faltbootfahrt auf der Alz, die am Nordufer vom Chiemsee abfließt. Hier muss man unbedingt die Fahrverbote im Frühsommer beachten.

Kajakverleih Kaufmann, Rasthausstraße 29, 83233 Bernau am Chiemsee, www.kajakverleih-chiemsee.de

2 Fraueninsel

Nur rund 16 Hektar Land ringt die kleine Fraueninsel dem Chiemsee ab, die aus der Luft fast wie ein Sandkorn wirkt, das an die Oberfläche des »Bayerischen Meers« gespült wurde. Ruhig ist es hier nur abends sowie in Vor- und Nachsaison. Dann erlebt man das Eiland als zauberhaftes Kleinod mit dörflichem Charme und verträumten Buchten, an denen Fischerboote schaukeln und sich weite Blicke über das tiefblaue Wasser Richtung Alpen öffnen. Es lohnt sich deshalb, hier eine Nacht zu verbringen. Von der Schönheit der Fraueninsel schwärmten und schwärmen bis heute Maler, Bildhauer, Musiker und Schriftsteller – unter ihnen bekannte Namen wie Rainer Maria Rilke, Erich Kästner und Ludwig Thoma. Einige von ihnen fanden auf dem Inselfriedhof ihre letzte Ruhe, der vom barocken Zwiebelturm der Klosterkirche Frauenwörth (12. Jh.), dem bildschönen Wahrzeichen der Insel, überragt wird. Kein Geheimtipp mehr, aber dennoch sehr besonders und sehenswert ist auch der Christkindlmarkt auf der Fraueninsel (www.christkindlmarkt-fraueninsel.de) jedes Jahr am ersten und zweiten Adventswochenende.

Direktverbindung mit dem Boot ab Seebruck, Chieming, Übersee/Feldwies und Gstadt, www.chiemsee-schifffahrt.de

3 Eggstätter Seenplatte

Kein Wunder, dass die 18 Gewässer der Eggstätter Seenplatte ein Mauerblümchendasein fristen. Nur ein paar Autominuten südlich lockt schließlich der »große Bruder« Chiemsee. Wer Urwüchsigkeit und Stille, Seerosen und Libellen, und dazu urige oberbayerische Dorfidylle sucht, wird jedoch eher zwischen Eggstätt und Bad Endorf fündig. Das Gebiet steht großteils unter Naturschutz, kann aber auf Fahrrad- und Wanderwegen erkundet werden.

Touristinformation Eggstätt, Obinger Straße 7 (Rathaus), 83125 Eggstätt, www.urlaub-eggstaett.de

Beste Reisezeit

Wasserratten reisen im Sommer an. Ab Mitte Juni erreichen die Wassertemperaturen 20 °C und klettern bis August oft über die Marke 25 °C. Mehr Ruhe und immer noch schönes Wetter mit viel Sonnenschein genießt man in der zweiten Septemberhälfte.

Karibisches Flair mit Alpenblick: Die Bars am Strandbad in Übersee sind beliebte Treffpunkte an lauen Sommerabenden. Snacks, Bier und Cocktails gibt's hier inklusive Fußkühlung!

4 Mit dem Radl um den See

Wo versteckt er sich denn nun, der schönste Badeplatz am ganzen Chiemsee? Am besten alle durchprobieren! So lautet die Devise auf dem rund 60 km langen Fahrradweg, in den man überall einsteigen und das »Bayerische Meer« einmal komplett umrunden kann. Sechs bis sieben Stunden sollte man für die Strecke einplanen, damit tatsächlich genügend Zeit für Pausen an den Buchten und Seebädern, aber auch in den vielen gemütlichen Seewirtschaften bleibt. Ein Tipp, der freilich auf der Hand liegt: Planen Sie Ihre Radtour so, dass Sie am Abend am Ostufer unterwegs sind – und den Sonnenuntergang genießen können!

Chiemsee Infocenter,
Felden 10, 83233 Bernau am Chiemsee,
www.chiemsee-alpenland.de

5 Strandbad Übersee

Ein mondäner Hotspot: Auf den Holzstegen und in den Liegenstühlen am Strandbad Übersee entspannt man sich in den Abendstunden und begießt den Sonnenuntergang mit einem eiskalten Drink. Das lange, feinsandige Ufer fällt hier so flach in den Chiemsee ab, dass Tische und Bänke an heißen Sommertagen gerne Richtung Wasser wandern und man beim Bier auch noch ein erfrischendes Fußbad inklusive Sandpeeling genießen kann. Im August verwandeln sich der Strand und ganz Übersee im Rahmen des »Chiemsee Summer« in ein buntes Open-Air-Festivalgelände, das jährlich Zehntausende Musikfans aus ganz Deutschland anzieht.

Julius-Exter-Promenade 31,
83236 Übersee (Chiemgau),
www.uebersee.com

Gut Ising

Vier-Sterne-Superior-Resort auf weitläufigem Landgut direkt am See. Individuell eingerichtete Häuser und Suiten, riesiges Sport- und Wellnessangebot.
Kirchberg 3, 83339 Chieming,
www.gut-ising.de

Inselhotel zur Linde

Wie wär's mit einer Nacht auf der malerischen Fraueninsel? Im Hotel zur Linde sind nicht nur die Zimmer gemütlich, auch im Hotelrestaurant mit schattigem Biergarten werden Magen, Herz und Seele verwöhnt. Unbedingt Zimmer mit Seeblick buchen!
83256 Fraueninsel im Chiemsee,
www.linde-frauenchiemsee.de

Hafenwirt

Von der Sonnenterrasse des Hafenwirts blickt man auf die schaukelnden Segelboote und staunt nicht schlecht, wie gut so eine Renke, die frisch aus dem See auf den Teller kommt, munden kann. Ideal auch zum Frühstücken.
Am Chiemseepark 7, 83358 Seebruck,
www.hafenwirt.de, Mo, Di Ruhetag

Della Nonna

Chiemsee oder Gardasee? In dem charmanten Café-Restaurant im Herzen Priens schmeckt die Pasta wie bei Oma in Malcesine. Wer will, kann auch nur auf einen Kaffee und ein Stück hausgemachten Kuchen vorbeischauen. Sehr lecker! Denn der Cappuccino kommt hier garantiert nicht aus dem Vollautomaten!
Schulstraße 2, 83209 Prien,
www.dellanonna.de, Mo Ruhetag

12 Alpenglühen de luxe

Werdenfelser Land

Alles im grünen Bereich. Das bestätigt der »Kranzbach Ruheindex«. Schon verrückt, wie man moderne Technik nutzen kann, um zu beweisen, dass moderne Technik hier kaum genutzt wird. Oder zumindest nur selten störenden Lärm verursacht. So hat das Fünf-Sterne-Wellnessresort im Elmautal bei Garmisch-Partenkirchen doch tatsächlich ein hochsensibles Phonometer installiert, das Tag und Nacht aufzeichnet, wie laut es gerade ist. Die Messwerte werden als Zehntageskurve veröffentlicht. Ruhehungrige Gäste können sich das Ganze dann voller Vorfreude im Internet ansehen. Oha! »Leichte Windgeräusche« – rechtfertigt die Legende des Diagramms die kleinen Ausreißer der Amplitude. Es ist Mitte August und eigentlich Hochsaison, doch umgeben von Einsamkeit hört man nur das Summen der Bienen. Vor allem im Frühjahr ist die über zehn Hektar große Bergwiese rund um das Hotel mit Wildblumen übersät. Mittendrin erheben sich die Treppengibel eines altenglischen Schlosses, überragt von den Gipfeln der Zugspitze und des Wettersteinmassivs. Errichten ließ das ungewöhnliche Gebäude vor über 100 Jahren Mary Isabel Portman – damals eine der reichsten Frauen Londons. Kurz vor Ausbruch des Ersten Weltkriegs kaufte sie die Kranzbachwiese und beauftragte englische Architekten mit dem Bau eines Landsitzes im historisierenden Stil, der damals auf der Insel schwer angesagt war. Noch verblüffender als das Märchenschloss selbst ist jedoch, wie ungekünstelt es sich in die oberbayerische Landschaft einfügt – als hätte man hier schon immer so gebaut. Harmonisch, trotz viel Glas und klarer Linien, wirken auch das lichtdurchflutete Spa mit drei Außenpools sowie der moderne Gartenflügel, in dem sich ein Großteil der Suiten befindet. Ausspannen darf man hier nur als Pärchen oder im engen Freundeskreis. Kinder, Gruppen und leider auch Hochzeitsgesellschaften sind tabu. Doch ein Urlaub im Kranzbach als Hochzeitsgeschenk? Das wäre doch was! Und der Ausschlag des Phonometers bleibt auch im grünen Bereich.

www.daskranzbach.de

Ins Dampfad, my dear? Auch im Winter kann man auf Schloss Kranzbach, das vor über 100 Jahren nach englischem Vorbild erbaut wurde, einen fürstlichen Verwöhnurlaub genießen.

KRÜN

Husar
Uriges Traditionshaus, das jedoch raffinierte bayerische Schmankerln serviert. Wer keinen Hunger hat: Die Lüftlmalerei an der Restaurantfassade zählt zu den schönsten der Stadt.
Fürstenstraße 25, 82467 Garmisch-Partenkirchen, www.restauranthusar.de, Di auf Anfrage, Mo Ruhetag

Marktrestaurant
Alpenländische Gourmetküche aus der Feder von Sternekoch Andreas Hillejan, die man in entspannter Atmosphäre genießen kann. Das Haus bietet auch regelmäßig Kochkurse an.
Dekan-Karl-Platz 21, 82481 Mittenwald, www.das-marktrestaurant.de, So, Mo Ruhetag

Luce d'Oro
Sternekoch Christoph Rainer und sein Team sind Künstler – und die Teller der Gäste ihre Leinwand, auf die sie wahre Meisterwerke zaubern. Ihr Atelier? Befindet sich im exklusiven Schlosshotel Elmau, nicht weit vom Kranzbach. Echt teuer, aber echt lecker!
In Elmau 2, 82493 Krün, www.schloss-elmau.de, So–Di Ruhetag

Blauer Reiter
Modernes, idyllisch gelegenes Café und Gartenrestaurant am Kochelsee, das zum Franz-Marc-Museum gehört. Hier kann man auf der Durchreise auch einfach nur eine gemütliche Pause einlegen.
Franz Marc Park 8–10, 82431 Kochel am See, www.restaurant-blauerreiter.de, Mo Ruhetag

1 Mittenwald

Mittenwald punktet mit malerischem Ortsbild, aber auch mit viel alpenländischer Authentizität. Besonders sehenswert sind die aufwendigen Lüftlmalereien, die die Fassaden vieler Bauern- und Bürgerhäuser schmücken und Geschichten aus Bibel und Alltag erzählen. Der Großteil dieser »bayerischen Fresken« stammt aus dem 18. Jh., denn heute beherrscht kaum noch ein Künstler das anspruchsvolle Handwerk. Der Geigenbau hingegen, der in Mittenwald ebenfalls auf eine jahrhundertealte Tradition zurückblickt, hat seinen Weg Richtung Zukunft gefunden: Gut ein Dutzend Geigenbaumeister lebt und arbeitet heute im Ort, bildet Schüler aus und verkauft die kostbaren Instrumente in alle Welt. Im Geigenbaumuseum (www.geigenbaumuseum-mittenwald.de) erfährt man, wie das Handwerk einst nach Mittenwald kam und die Region prägte.

Touristinformation Mittenwald,
Dammkarstraße 3, 82481 Mittenwald,
www.alpenwelt-karwendel.de

2 Eibsee und Zugspitze

Mit dem großen Zeh kann man ja mal behutsam vorfühlen. Doch wer im eiskalten Eibsee baden möchte, muss hart im Nehmen sein. So lassen die meisten Ausflügler selbst im Sommer ihre Badesachen in der Tasche und genießen stattdessen den Anblick des geheimnisvollen, von dunklen Tannenwäldern gesäumten Sees, der sich in leuchtendem Blau zu Füßen des Zugspitzmassivs ausbreitet. Im Frühling und Herbst sind die Berge hier oft bis an die Baumgrenze mit Schnee überzuckert. Kanus gleiten vor dieser Kulisse lautlos übers Wasser, das sich im Wind leicht kräuselt. Um den Eibsee herum führt ein Rundweg, für den man zwei bis drei Stunden einplanen sollte. Wer will, kann das atemberaubende Alpenpanorama auch aus der Luft bewundern: Die Fahrt mit der neuen Seilbahn ab Grainau zur Zugspitze (2962 m) ist ein echtes Erlebnis. In rund 15 Minuten befördert sie ihre Passagiere hinauf ins ewige Eis.

Zugspitzbahnhof Eibsee,
Seefeldweg 1, 82491 Grainau,
www.zugspitze.de

3 Königshaus am Schachen

Vom Wanderparkplatz bei Schloss Elmau führt der gut beschilderte »Königsweg« in knapp vier Stunden hinauf zum Schachen (1870 m). Das Holzschlösschen, das sich Märchenkönig Ludwig II. hier oben Mitte des 19. Jh. erbauen ließ, sieht auf den ersten Blick wie ein schickes Chalet aus. Im Obergeschoss verbirgt sich jedoch

Beste Reisezeit

Im Frühling und Herbst ist es hier im Werdenfelser Land am schönsten. Ab September färbt sich das Laub goldgelb und die Gipfel bedeckt eine Puderzuckerschicht aus Schnee. Auch im Winter ist Wellness- und Wanderurlaub in der Region ein erholsames Erlebnis.

Rund um das winzige Dorf Wamberg bei Garmisch-Partenkirchen zeigt sich das Werdenfelser Land von seiner landschaftlich eindrucksvollsten Seite.

der Türkische Saal, der mit exotischem Zauber überrascht: Gold und noch mehr Gold! Dazu üppige Ornamentik, die Wände, Fenster, Vasen und Divane überzieht. Aus dem Fußboden ragt ein vergoldeter Springbrunnen auf, rundherum kostbarer Perserteppich, darüber schwebt ein nicht minder prunkvoller Kandelaber. Das alles wirkt wie aus einem orientalischen Märchenbuch. In der Tat ließ sich der bayerische Ausnahmeregent von Abbildungen osmanischer Paläste inspirieren, die er seinem Architekten als Vorlage übergab. Als alle Träume aus Tausendundeiner Nacht verwirklicht waren, pflegte Ludwig hier im Hochgebirge seine Geburtstage zu feiern: als Sultan verkleidet, umgeben von Dienern in wallenden Gewändern.

www.schachenhaus.de

4 Walchensee

Wärmer als 22 °C wird der türkisblaue Walchensee auch im Sommer nicht. Mit rund 190 m Wassertiefe zählt er nicht nur zu den tiefsten Alpenseen Deutschlands, sondern wird zudem vom eisigen Bergwasser aus dem Karwendel gespeist. Aber das kann ja auch erfrischend sein! Etwa nach einer Tour auf den Herzogstand (1731 m), der stolz über dem Westufer aufragt. Am schönsten ist der See jedoch am Ostufer, das man auf kleinen Pfaden, vorbei an versteckten Buchten, zwischen Sachenbach und der Waldschänke Niedernach (www.jachenau.de) erkunden kann.

Touristinformation Walchensee,
Ringstraße 1, 82432 Walchensee,
www.walchensee.de

5 Kirchdorf Wamberg

Ein Dorf wie aus dem Bilderbuch ist das kleine Wamberg oberhalb von Garmisch-Partenkirchen, das sich um die Kirche St. Anna gruppiert. Hier oben, 1000 m über Meereshöhe, leben heute nur noch rund 30 Menschen, und beim Besuch des Orts ist der Weg das Ziel: Eine kurze, knapp einstündige Wanderung (bergab!) startet an der Bergstation Eckbauer (1237 m), die man nach einer herrlich weltentrückten Seilbahnfahrt in nostalgischen Minikabinen aus dem Jahr 1956 erreicht. Kamera einpacken, denn die Ausblicke auf Zug- und Alpspitze sind großartig!

Talstation am Olympia-Skistadion
in Garmisch-Partenkirchen (an der B2),
www.eckbauerbahn.de

Nur wir zwei

Nebelschwaden steigen in der Dämmerung über dem Wasser auf, dahinter leuchten die Gipfel des Karwendels in der ersten Morgensonne: Rund um Mittenwald und Klais bietet eine Handvoll kleiner Seen wunderbare Naturerlebnisse. Besonders schön ist es am **Schmalensee, Ferchensee und Wagenbrüchsee**. Alle drei sind noch nicht überlaufen und laden zu Spaziergängen, Picknicks und zum Baden ein. Der Wagenbrüchsee, ein Moorsee bei Krün, ist besonders flach und warm. Den Ferchensee kann man vom Kranzbach via Schloss Elmau auch auf reizvoller Route (ca. 6 km) mit dem Fahrrad erreichen.

Europa

»Die Ehe funktioniert am besten, wenn beide Partner ein bisschen unverheiratet bleiben.«

Claudia Cardinale

Abendstimmung am Rozenhoedkaai: Hier schlängelt sich die Dijvergracht durch Brügge. An der Biegung des Kanals öffnet sich ein reizvoller Blick auf die Altstadt mit dem berühmten Belfried.

13 Brügge sehen und lieben

Westflandern, Belgien

»In Brügge, zwei Wochen, in diesem Zimmer – mit dir? Vergiss es!« Fans von Colin Farrell kennen dieses Zitat und waren damals natürlich im Kino: Im Streifen »Brügge sehen ... und sterben?« (2008) verschlägt es den irischen Schauspieler alias Auftragskiller Ray und seinen Partner Ken (Brendan Gleeson) unfreiwillig nach Flandern. Hier sollen die beiden nach einem vermasselten Job untertauchen – und abwarten, bis sich der Boss mit neuen Anweisungen meldet. Doch das Telefon bleibt stumm. Was also tun mit der vielen Freizeit? Während Ken, vom weltentrückten Zauber seiner neuen Umgebung regelrecht beseelt, staunend im Ausflugsboot durch die Kanäle schippert, langweilt sich der griesgrämige Ray zu Tode: »Vielleicht ist das die Hölle, hier in Brügge zu sein – bis in alle Ewigkeit.« Doch nicht nur flüchtige Ganoven stürzt dieses Städtchen in einen Zwiespalt: Wer keinen Sinn für Romantik hat, wird es hier nicht lange aushalten. Alle anderen werden entzückt und begeistert sein. Der kompakte mittelalterliche Stadtkern zählt seit rund 20 Jahren zum Welterbe der Unesco und ist so verwinkelt, verwunschen und schön, das er einem Märchenbuch entstammen könnte. Die bedeutendsten Sehenswürdigkeiten, zu denen neben Belfried, Heilig-Blut-Basilika und Liebfrauenkirche auch das Groenigemuseum mit Werken alter flämischer und niederländischer Meister zählt, sind schnell abgehakt. Danach kann man genüsslich ins Zeitlupentempo umschalten und den malerischsten Brücken, Türmen und Backsteinhäuschen nachspüren, die sich zu jeder Tages- und Jahreszeit in immer neuem Licht im Wasser der Grachten spiegeln. Einst, während der Burgunderzeit im 15. Jahrhundert, war Brügge stolze Hafenstadt. Am heutigen Jan-van-Eyck-Platz wurden Handelsschiffe aus aller Welt entladen und stachen dann mit neuer Fracht in See. Später versandete die Hafenzufahrt zunehmend – und mit ihr die wirtschaftliche Bedeutung und kulturelle Strahlkraft der Stadt. So versank Brügge ganz langsam in einen tiefen Dornröschenschlaf, der bis heute anhält. Traumwandeln kann man hier am besten in den Herbst- und Wintermonaten. Dann hüllt sich die Stadt in Stille und geheimnisvollen Nebel – ein Anblick, den man nicht nur überleben, sondern lieben wird. Sogar zwei Wochen lang, gemeinsam, in einem Zimmer. Versprochen!

www.visitbruges.be

1 Highlights der Altstadt

Der Grote Markt, der zentrale Marktplatz, ist touristischer Dreh- und Angelpunkt Brügges. Die meisten Sehenswürdigkeiten können von hier aus zu Fuß erkundet oder bestiegen werden: Eine knarzende Holztreppe mit 366 schmalen Stufen windet sich hinauf zur Aussichtsplattform des gotischen Belfried, dem Wahrzeichen der Stadt. Einen Aufzug gibt es nicht. Doch die Fitnessübung lohnt sich, denn der Ausblick vom Turm über den mittelalterlichen Stadtkern, ein formenreiches, farbenfrohes Mosaik aus spitzen Giebeln, uralten Kirchtürmen, Grachten und engen Gassen, ist atemberaubend schön. Nicht erschrecken: Auf Höhe der Plattform befindet sich auch der Glockenstuhl des Belfried. Eine akustische Attraktion ist das Carillon mit seinen 47 Bronzeglocken, das regelmäßig erklingt – hier oben natürlich fortissimo! Über eine Klaviatur kann das Instrument noch von Menschenhand bespielt werden, und immer wieder verblüffen hiesige Carilloneurs ihr Publikum auch mit Melodien aus der jüngeren Popgeschichte. Südwestlich des Grote Markt erstreckt sich rund um den Burgplatz die historische Keimzelle der Stadt. Blickfang sind hier das stolze Rathaus, das zu den ältesten Flanderns zählt, sowie die geheimnisvolle Heilig-Blut-Basilika (12. Jh.) mit romanischem Fundament. In einem silbernen Schrein wird hier das Blut Christi aufbewahrt und bei der alljährlichen Reliquienprozession durch die Stadt getragen. Folgt man der Dijvergracht westwärts, gelangt man zur Liebfrauenkirche (13. Jh.), deren größter Schatz, die »Madonna mit Kind« (1503) von Michelangelo, unzählige Besucher anlockt. Die kleine Bonifatiusbrücke zu Füßen des Kirchturms gehört neben Rozenhoedkaai und dem Jan-van-Eyck-Platz zu den lauschigsten Orten Brügges. Doch beim Bummeln sollte man nicht zu oft auf den Stadtplan blicken, sondern sich treiben lassen: In jeder Gasse und an jedem Kanal warten zauberhafte Ein- und Ausblicke.

Touristinformation Brügge,
Markt 1, 8000 Brügge,
www.visitbruges.be

Nur wir zwei

Fürstlichen Komfort mit sinnlichem Flair bietet das **Duke's Palace** am Prinsenhof. Das einstige Stadtschloss wurde Mitte des 15. Jh. anlässlich der Hochzeit von Philipp dem Guten und Isabella von Portugal errichtet. Schon damals stattete der Burgunder Adel seine Residenz mit allem nur erdenklichen Luxus aus: Es gab sogar einen Pool und Tierpark! Heute können Gäste der Nobelunterkunft im modernen Wellnessbereich entspannen, im großen Garten turteln und in den historischen Suiten, umgeben von original erhaltenen Details aus der Burgunderzeit, romantische Nächte verbringen.
Prinsenhof 8, 8000 Brügge, www.hoteldukespalace.com

2 Begijnhof

Der idyllische Begijnhof mit Klostergarten am südlichen Altstadtrand ist ein perfekter Rückzugsort. Hinter den wuchtigen Mauern der im Jahr 1245 gegründeten Anlage verbirgt sich eine Siedlung aus weiß getünchten Reihenhäusern, die bis heute abgeschiedene Stille ausstrahlt. Über Jahrhunderte hinweg wohnten und arbeiteten hier Frauen, die dem weltlichen Leben den Rücken gekehrt und sich zu einer christlichen Gemeinschaft zusammengeschlossen hatten. Zwar lebten sie klösterlich, legten jedoch kein Ordensgelübde ab und waren frei zu gehen, wann immer sie wollten. Heute wird der Begijnhof von Schwestern des Benediktinerinnenordens verwaltet. Im angeschlossenen Museum kann man sich über die Geschichte der Beginenbewegung informieren.

Begijnhof 24/28/30, 8000 Brügge, www.visitbruges.be/hohepunkte/beginenhof

3 Dampferfahrt nach Damme

Belgische Landluft schnuppern kann man bei einer Bootstour von Brügge ins nordöstlich gelegene Damme. Besonders beliebt ist die Fahrt mit dem Schaufelraddampfer »Lamme Goedzak«. Schon aus der Ferne grüßt eine malerische Wind-

Beste Reisezeit

An nebligen Herbst- und Wintertagen gleicht Brügge einem geheimnisvollen, begehbaren Märchenbuch. Im Frühling lockt die Tulpenblüte. Heiß und überlaufen ist die Stadt hingegen im Sommer – entspanntes Flair kommt da nur abends und am frühen Morgen auf.

In den historischen Suiten des Duke's Palace Hotel trifft moderne Innenarchitektur auf 15. Jh.

mühle die Gäste an Bord; der hübsche Marktplatz lädt zum Bummeln ein. Kurios: Damme gilt als Geburtsort Till Eulenspiegels – das Dorf beruft sich dabei auf den französisch-flämischen Schriftsteller Charles de Coster, der die Narrengeschichte im 19. Jh. neu interpretierte.

Noorweegsekaai 31, 8000 Brügge,
Abfahrt um 12, 14, 16 und 18 Uhr,
www.bootdamme-brugge.be

4 Gent

Zwar wirkt das rund eine Autostunde östlich gelegene Universitätsstädchen auf den ersten Blick nicht ganz so verträumt wie Brügge, punktet dafür aber mit viel Kultur und einem pulsierenden Nachtleben. Im Zentrum buhlen mit Belfort, der Sint-Niklaaskerk sowie der Kathedrale St. Bavo gleich drei Wahrzeichen um die Gunst der Besucher und zeugen vom einstigen Reichtum der Handels- und Hafenstadt. In St. Bavo kann der kostbare Genter Flügelaltar (1432) des flämischen Meisters Jan van Eyck bestaunt werden. Die schönste Perspektive auf die Stadtsilhouette hat man von der Sint-Michielsbrücke. Von hier blickt man auch auf Gras- und Korenlei, deren prachtvolle Giebelhäuser sich im Wasser spiegeln. Abends, zur blauen Stunde, ist es hier besonders romantisch!

Touristinformation Gent,
Sint-Veerleplein 5, 9000 Gent,
www.visit.gent.be

Hotel De Tuilerieën

Elegantes Luxusversteck mit Indoorpool in der reizvollsten Ecke der Altstadt. Besonders schön sind die Zimmer und Suiten mit Blick auf den Dijverkanal, aber auch die kleinen, gemütlichen »Comfort Rooms« haben hohen Kuschelfaktor.
Dijver 7, 8000 Brügge,
www.hoteltuilerieen.com

De Drie Koningen

Die kleineren der sechs stilvoll eingerichteten Apartments östlich des Burgplatzes sind ideal für einen längeren Romantiktrip nach Brügge. Sie bieten Küche und Terrasse bzw. Zugang zum Garten mit kleinem Pool und eigene Parkplätze.
Twijnstraat 17, 8000 Brügge,
www.ddk.be

Restaurant Réliva

Bio wird hier großgeschrieben: In den Topf kommt nur, was Mutter Erde in der Region gerade im Angebot hat. Die an die Jahreszeiten angepasste Speisekarte ist daher klein, aber fein. Hervorragende Weinauswahl, Reservierung empfohlen.
Goezeputstraat 6, 8000 Brügge,
www.reliva.be

De Republiek

Hippes Café-Restaurant mit angeschlossenem Kultur- und Gründerzentrum. Serviert werden angesagte Fusionsküche und Snacks. Laue Sommerabende verbringt man stimmungsvoll mit den Kreativen der Stadt im von Klinkermauern eingerahmten Biergarten.
Sint-Jakobsstraat 36, 8000 Brügge,
www.republiekbrugge.be

14 Je t'aime!

Paris, Frankreich

Nur kein Stress. Paris ist wie geschaffen für einen romantischen Wochenendtrip. Aber wer hier alles, und das innerhalb von nur zwei oder drei Tagen, sehen möchte, hat schnell Hummeln im Hintern statt Schmetterlinge im Bauch. Durch die Stadt der Liebe sollte man sich lieber einfach treiben lassen – und dabei so manche Topattraktion links liegen lassen. Am schönsten sind hier ohnehin nicht die Sehenswürdigkeiten selbst, sondern die zauberhaften Momente, die man um sie herum erlebt: der Sonnenuntergang am Seineufer, das feierliche Orgelkonzert in Notre-Dame, ein Bummel über die vielen Floh- und Trödelmärkte der Stadt – oder auch nur die immer neuen Blickwinkel auf den Eiffelturm, der überall aus dem bunten Dächermeer ragt und nachts in sein glamouröses Cocktailkleid aus unzähligen Glühbirnen schlüpft. Stille und Entspannung findet man auf den Grünflächen und in den weitläufigen Parks, etwa im Jardin du Luxembourg nahe der Sorbonne oder im Parc des Buttes Chaumont mit seinen pittoresken Steilklippen und Grotten. Nur wenige Métrostopps westlich von hier, am Fuße des Montmartre, verstecken sich der Platz Jehan Rictus und die »Mur des Je t'aime«. Das stille, an einer unscheinbaren grauen Fassade montierte Kunstwerk setzt sich aus über 600 Emaillekacheln zusammen, auf denen in 250 Sprachen »Ich liebe Dich« geschrieben steht. Und da sind sie auch schon, »les papillons« – die Schmetterlinge im Bauch!

www.parisinfo.com

Alles eine Frage der Perspektive: Den Eiffelturm kann man in Paris hundertfach erleben – je nachdem, in welchem Viertel man gerade unterwegs ist. Besonders eindrucksvoll ist der Blick von unten ins Eisenskelett des Bauwerks.

1 Eiffelturm

Monstrum, Schandfleck, lebloses Gerippe aus Eisen! Die Ablehnung, die dem Pariser Eiffelturm und seinen Planern rund um den französischen Ingenieur Gustave Eiffel während der Bauphase (1887–1889) entgegenschlug, kennt man so ähnlich von Großprojekten der Gegenwart: In einem Protestschreiben wandten sich damals zahlreiche Künstler und Intellektuelle an Politik und Öffentlichkeit und monierten, das Projekt werde ihr schönes Paris für immer verunstalten. Direkte Anwohner wiederum fürchteten den Einsturz der Konstruktion und klagten sogar vor Gericht. Doch der Turm wurde gebaut: 324 m hoch und knapp 10 000 Tonnen schwer. Zum Glück. Denn heute ist der Eiffelturm das Pariser Wahrzeichen schlechthin. Und ein romantisches noch dazu! Wenn es dunkel wird, leuchtet ein drehbarer Scheinwerfer auf der Turmspitze in alle Himmelsrichtungen, und zu jeder vollen Stunde funkeln 20 000 an den Turmpfeilern angebrachte Glühbirnen wie Feenstaub. Die reizvollsten Blicke auf den Eiffelturm genießt man mit etwas Abstand – etwa von der Place du Trocadéro am westlichen Seineufer oder von der Terrasse der Galeries Lafayette (40 Boulevard Haussmann, Metró 3, 7, 8: Opéra), hoch über dem Dächermeer der Stadt.

Avenue Gustave Eiffel, 75007 Paris,
Métrolinie 6: Bir-Hakeim,
www.toureiffel.paris

Nur wir zwei

Hierzulande ist die Ente fast ausgestorben. Gemeint ist nicht der Vogel, sondern das gleichnamige **Kultauto von Citroën,** das Ende der 1940er-Jahre erstmal als Modell **2CV** vom Band lief. Auf Frankreichs Straßen sieht man den knuffigen Klassiker noch häufiger, in und um Paris kann man mit ihm sogar auf Stadtrundfahrt gehen: »Quatres Roues sous un Parapluie« (vier Räder unter einem Regenschirm) nennt sich der Anbieter, der sich auf Enten spezialisiert hat. Die Fahrzeuge, allesamt farbenfrohe Cabrios, können mit und ohne Fahrer gemietet werden. Möglich sind Spritztouren durch die Stadt, aber auch mehrtägige Ausfahrten auf eigene Faust. Zudem werden verschieden Hochzeitsarrangements angeboten.
22 Rue Bernard Dimey, 75018 Paris, www.4roues-sous-1parapluie.com

2 Montmartre

In den Gassen von Montmartre kann und soll man sich verlieren! Das einstige Künstlerviertel zählt zu den malerischsten der Stadt. Anziehungspunkt ist vor allem die Basilika Sacré-Cœur, eine erst 1919 geweihte Wallfahrtskirche im historisierenden Stil. Sie thront auf dem 130 m hohen »Butte Montmartre«, und ihre begehbare Kuppel ragt wie ein weißer Leuchtturm in den Himmel über Paris. Zu Füßen der Basilika finden sich unzählige Cafés, Brasserien, Galerien, idyllische Plätzchen und auch die legendärsten Cabarets der Stadt, etwa das Moulin Rouge an der Place Blanche. Sehens- und erlebenswert sind die (im Sommer recht überlaufene) Place du Tertre, die Rue Cortot, in der einst Auguste Renoir den Pinsel schwang (www.museedemontmartre.fr) sowie die Rue de l'Abreuvoir und die Place Émile-Goudeau. Hier schuf Pablo Picasso seine »Demoiselles d'Avignon« – ein Meisterwerk, mit dem der Maler die künstlerischen Weichen für den Kubismus stellte.

Rue du Cardinal Dubois, 75018 Paris,
Métrolinie 2: Anvers

3 Île de la Cité

Die Kathedrale Notre-Dame auf der Île de la Cité ist eine der Hauptattraktionen der Stadt. Neben der gotischen Architektur begeistern auch die Orgelkonzerte (Samstag, 20 Uhr, gratis) sowie die Aussichtsplattformen der beiden Kirchtürme mit ihren berühmten Wasserspeiern. Im versteckten Garten hinter dem Gotteshaus findet man Stille – und auch die östliche Inselspitze mit der Pont Neuf lockt Verliebte an.

Boulevard du Palais, 75001 Paris,
Métrolinie 4: Cité

Beste Reisezeit

Zwischen April und Juni zeigt sich Paris von seiner Schokoladenseite: In den Parks und am Straßenrand blühen Bäume und Sträucher, zudem ist die Stadt noch nicht überlaufen. Auch Herbst und Winter lohnen sich, es regnet jedoch deutlich häufiger als im Frühling.

Schon vor 100 Jahren kamen die Künstler des Montmartre zum Mittagessen in die Maison Rose.

4 Jardin du Luxembourg

Im Jardin du Luxembourg am linken Ufer der Seine kann man die Hektik der Stadt hinter sich lassen und auf üppigem Grün die Beine ausstrecken. Der 26 Hektar große Park gehört zum Palais Luxembourg, heute Sitz des französischen Senats, und grenzt an das Studentenviertel Quartier Latin. Auch zur altehrwürdigen Hochschule Sorbonne ist es nicht weit. So tummeln sich vor allem junge Leute auf dem Gras, die sich besonders gerne an der Fontaine Médicis verabreden. An der Brunnengrotte liest, musiziert und flirtet man unter Schatten spendenden Platanen – oder lauscht einfach dem Plätschern des Wassers.

36 Rue de Vaugirard, 75006 Paris,
Métrolinie 10: Mabillon

5 Canal Saint-Martin

Wer der Seine tatsächlich untreu werden und buchstäblich nach neuen Ufern suchen will, findet vielleicht am Canal Saint-Martin im Pariser Osten sein Glück. Bäume, Arbeiterhäuser und alte Lagerhallen säumen die verschlafene schmale Wasserstraße nördlich der Place de la République. Statt monumentaler »Ponts« aus Stein prägen charmante Fußgängerbrücken aus Metall und altmodische Schleusen die Szenerie. Den Canal kann man auf dem Boot bzw. Kahn erkunden oder einfach am Flusslauf entlang schlendern. Am besten gegen Abend mit Wein, Käse und einer Picknickdecke im Gepäck!

45 Quai de Valmy, 75010 Paris,
Métrolinie 3: Temple

La Laterne

Geschmackvoll-modernes Designhotel, das in seinem kleinen Wellnessbereich sogar mit Hamam und Indoorpool ausgestattet ist. Die zentrale Lage im pulsierenden Quartier Latin bedeutet allerdings: nichts für hellhörige Gäste!

12 Rue de la Montagne Sainte-Geneviève, 75005 Paris, www.hotel-la-lanterne.com

Le Terrass

Das Highlight steckt im Namen: Dieses Hotel punktet (nicht nur) mit seiner umwerfenden Dachterrasse mit Traumaussicht über die Stadt. Auch die Zimmer sind fein, aber klein. Wer es gut mit sich meint, bucht eine Suite – den Eiffelturmblick gibt's gegen Aufpreis gleich dazu.

12–14 Rue Joseph de Maistre,
75018 Paris,
www.terrass-hotel.com

La Maison Rose

Eine Mahlzeit – oder nur ein Glas Wein? Im winzigen Bilderbuchlokal La Maison Rose, abgeschirmt vom Trubel Montmartres, geht beides. Schon Pablo Picasso und Edith Piaf fühlten sich hier wohl.

2 Rue de l'Abreuvoir,
75018 Paris, Di Ruhetag

Le Ciel de Paris

Wie im siebten Himmel fühlt man sich im Panoramarestaurant des über 200 m hohen Tour Montparnasse. Die Speisen sind exzellent und teuer – die Aussicht ist jedoch unbezahlbar. Am besten online einen Tisch am Fenster reservieren.

33, Avenue du Maine, 75015 Paris,
www.cieldeparis.com

»Petite Venise« – Klein-Venedig heißt das Viertel in Colmar, in dem die malerischen Fachwerkhäuser direkt am Flüsschen Lauch stehen. Hier lebten früher die Gemüsegärtner der Stadt.

15 Im Schlaraffenland

Elsass, Frankreich

Für unsere französischen Nachbarn ist gutes Essen so selbstverständlich wie die Luft zum Atmen. Das gilt auch für das Elsass. In kaum einer anderen Ecke der Grande Nation findet man so viele Delikatessenläden, Weinstuben und Gourmetrestaurants auf engstem Raum. Baeckeoffe, Choucroute, Flammkuchen, Fleischschnecken und andere Köstlichkeiten der Region fliegen einem regelrecht in den Mund, und Raffiniertes landet selbst noch in der tiefsten Provinz auf dem Teller. Savoir-vivre nennt man das nonchalant: die Kunst zu leben. Vor allem Genießerpaare erwartet zwischen Rhein und Vogesen also ein lukullisches Paradies! Land, Leute und elsässische Lebensart lernt man besten auf der rund 170 Kilometer langen Route des Vins d'Alsace kennen, die sich von Marlenheim bei Strasbourg südwärts schlängelt. Entlang der Strecke laden die Winzer der Region, die vor allem für ihren Riesling und Gewürztraminer bekannt ist, in uralten Kellern zur Weinprobe ein, und im Sommer feiert hier fast jedes Dorf sein eigenes Weinfest. Zu den schönsten Orten links und rechts der Themenstraße zählen Obernai, Riquewihr, Ribeauvillé und Colmar sowie das zauberhafte Eguisheim – eine verträumte Parallelwelt, die mit ihren engen Gassen und windschiefen Fachwerkhäusern im positivsten Sinne Klischees bedient. Rundherum, in den Ausläufern der Vogesen, kann man die Wanderstiefel schnüren und überschüssige Kalorien abbauen. Wer es ruhig angehen will, wandelt auf gemütlichen Pfaden über Ribeauvillé von Burg zu Burg. Höher hinaus geht es auf der rund 80 Kilometer langen Kammstraße Route des Crêtes. Sie beginnt in Cernay östlich von Thann, führt nordwärts quer durch den Naturpark Ballons des Vosges (www.parc-ballons-vosges.fr) bis an die Grenze Lothringens und bietet perfekte Ausgangspunkte für ein- oder auch mehrtägige Wanderungen. Das urbane Kontrastprogramm zu Natur und Weite bieten die Städte Mulhouse und vor allem Strasbourg. Für einen Ausflug in die Hauptstadt des Elsass sollte man jedoch ein ganzes Wochenende einplanen.

www.tourisme-alsace.com/de
www.elsass-weinstrasse.com

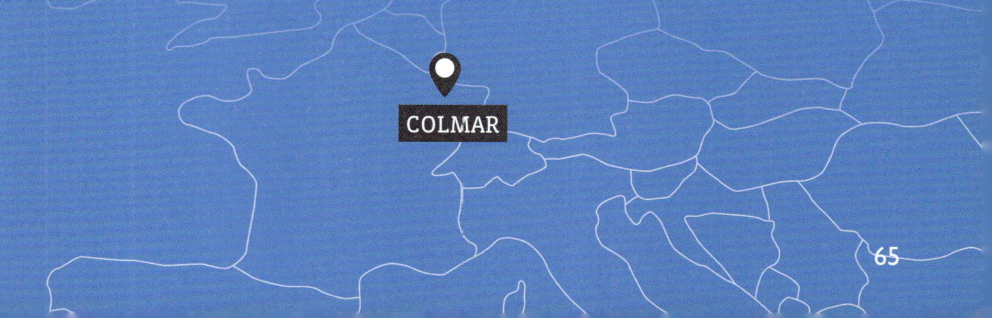

Hôtel Quatorze

Kuscheln ohne Kitsch: Das moderne Boutiquehotel mit Wellnessbereich am Altstadtrand ist der perfekte Stützpunkt für einen Besuch in Colmar. Die Zimmer sind klein, aber stilvoll und ruhig. Das (leckere) Frühstück wird extra berechnet.
14 Rue des Augustins, 68000 Colmar,
www.hotelquatorze.com

Le Clos Saint Vincent

Sehr ruhig bei Ribeauvillé gelegenes Gartenhotel mit weitem Ausblick über die Weinberge und die Rheinebene. Alle Zimmer sind mit Balkon oder kleiner Terrasse ausgestattet. Großes Hallenbad, Sauna und Fitnessraum.
1 Lieu-Dit Spiegel, 68150 Ribeauvillé,
www.leclossaintvincent.com

Pavillon Gourmand

In dem exzellenten Gourmetrestaurant im kleinen Eguisheim kann man sich einmal quer durch die elsässische Küche schlemmen. Wer besonders verwöhnt werden möchte, vertraut einfach den Empfehlungen der Küche!
101 Rue du Rempart Sud,
68420 Eguisheim, www.pavillon-gourmand.fr, Di, Mi Ruhetag

L'Arpège

Biologisch, frisch und kunstvoll angerichtet: Dass im Arpège nach Slowfood-Maxime mit viel Liebe und Leidenschaft gekocht wird, schmeckt man bei jedem Bissen. Täglich wechselnde Menüs – auch fleischlos – und charmante Terrasse.
24 Rue des Marchands, 68000 Colmar,
www.larpegebio.com, So–Di Ruhetag

1 Colmar

Diese Stadt ist ein Lichtkunstwerk, und schon deshalb lohnt sich der Besuch! Fast 1000 Lichtlein, Lampen und Strahler wurden – verteilt über die gesamte Altstadt – auf Giebeln und Kirchtürmen, an Fassaden, Brunnen und Kanalmauern oder an Fensterzargen und Torbögen installiert. Der Clou dabei: Die Glühbirnen glimmen nicht nur eintönig vor sich hin, sondern werden mithilfe eines Computerprogramms kunstvoll orchestriert. Je nach Jahreszeit, und wenn sich die Nacht immer tiefer über die Stadt senkt, ändern sich Farben, Intensität und auch Winkel und Form der Lichtkegel. Hier nach Sonnenuntergang durchs Gassengewirr zu bummeln, ist daher ein besonders reizvolles Erlebnis. Wer noch nie in Colmar war, besucht am besten zuerst das Viertel La Krutenau im Süden der Altstadt, das wegen der vielen nah ans Flüsschen Lauch gebauten Fachwerkhäuser auch »Petit Venise« genannt wird. Kunstliebhaber lösen ein Ticket im modernen Musée Unterlinden (www.musee-unterlinden.com) und sehen sich dort den Isenheimer Altar (1516) an, eines der Hauptwerke des bedeutenden Renaissancemalers Matthias Grünewald.

Touristinformation Colmar,
Place des Unterlinden, 68000 Colmar,
www.tourisme-colmar.com

2 Riquewihr und Ribeauvillé

Beide Winzerstädtchen zählen zu den attraktivsten an der südlichen Elsässer Weinstraße. Riquewihrs mittelalterlicher Stadtkern mitsamt Befestigungsanlagen ist bestens erhalten, und der fachwerkverzierte Torturm Dolder von 1291 an der westlichen Stadtmauer gilt als Wahrzeichen des Orts. Heute ist hier eine kurzweilige Ausstellung zur Heimatgeschichte (www.musee-riquewihr.fr) untergebracht. Rundherum breitet sich ein farbenfrohes Freilichtmuseum aus, das man nicht nur auf der Hauptstraße Rue Général de Gaulle, sondern auch in den stilleren Seitengassen erkunden sollte. Gleiches gilt für das nur knapp 6 km nördlich gelegene, etwas weitläufigere Ribeauvillé, das von den drei Festungen Hohrappoltstein, Girsburg

Nur wir zwei

Urlaub im Schloss? Das bedeutet oftmals Prunk, Pomp und illustre Gäste, die in dicken Limousinen zur Rezeption chauffiert werden. Familiärer und bodenständiger geht es im **Château d'Osthoffen** westlich von Strasbourg zu. Hier, im wildromantischen Nirgendwo der elsässischen Provinz, füllen Herr und Frau Baron im Frühstücksraum auch mal selbst die Saftkaraffen auf. Schon ihre Ahnen lebten hier, und ein Hauch rustikaler Noblesse des alten Landadels weht durch die sieben individuell und sehr geschmackvoll eingerichteten Suiten. Wer will, kann das kleine Schlösschen auch für die Hochzeitsfeier buchen – oder den Bund fürs Leben mit einem Heiratsantrag im Schlossgarten in die Wege leiten.
1 Rue du Château,
67990 Osthoffen,
www.chateau-dosthoffen.com

und Ulrichsburg überragt wird – beliebte Wanderziele, die man vom Ortsrand zu Fuß erreicht (Rundweg ca. 9 km, 3,5 Std.)

Touristinformation Riquewihr/Ribeauvillé,
2 Rue de la 1ère Armée, 68340 Riquewihr,
www.ribeauville-riquewihr.com

3 Eguisheim

Wie die Schichten einer Zwiebel umhüllen enge, kopfsteingepflasterte Gassen den Ortskern von Eguisheim, in dessen Mitte sich Château Saint-Léon mit der gleichnamigen Kapelle erhebt. Im Mittelalter soll der spätere Papst Leo XI. hier das Licht der Welt erblickt haben; sein steinernes Konterfei schmückt den Brunnen auf dem Schlossplatz. Rundherum laden Restaurants und Cafés zum Essen oder einer Pause ein. Der reizvollste Rundweg durchs Dorf ist der Circuit des Remparts, der durch eine pittoreske Zauberwelt aus geranienbehangenem Fachwerk führt.

Touristinformation Eguisheim,
22 A Grand'Rue, 68420 Eguisheim
www.tourisme-eguisheim-rouffach.com

Beste Reisezeit

Der milde Frühling und der Herbst sind die beste Reisezeit, denn während der Sommerferien (Juli bis September) herrscht überall Hochbetrieb. Die Weinlese mit vielen Festen beginnt schon im Spätsommer, die Natur erstrahlt dann in goldenen Farbtönen.

Von Winzerdorf zu Winzerdorf: Eine Landpartie auf der südlichen Elsässer Weinstraße ist der ideale Weg, um gemeinsam die schönsten Orte der Region zu entdecken.

4 Château de Fleckenstein

Die verwunschene Burgruine Fleckenstein im nördlichen Elsass, nicht weit von der deutschen Grenze, ist auch für Erwachsene ein Abenteuerspielplatz. Die Festung wurde im Frühmittelalter erbaut und ihre Räume großteils mit Hammer und Meißel aus dem roten Sandstein geschält. Über schmale Stufen im Treppenturm und durch geheimnisvolle Tunnel und Gänge geht es hinauf zu den höchsten Aussichtspunkten, die teilweise kühn an luftigen Felsvorsprüngen kleben. Adrenalin und Endorphin vermischen sich hier oben recht schnell, denn der Ausblick auf die umliegenden Nordvogesen ist einfach großartig.

Lieu-dit Fleckenstein,
67510 Lembach,
www.fleckenstein.fr

5 Strasbourg

Strasbourg ist nicht nur die Hauptstadt des Elsass, sondern neben Brüssel auch die zweite politische Herzkammer der EU. Europarat und Europaparlament haben hier ihren Sitz; zudem zählt die gesamte Altstadt zum Unesco-Welterbe. Es gibt also viel zu sehen! Wer wenig Zeit hat, sollte zumindest durchs romantische Gerberviertel bummeln und sich das Liebfrauenmünster ansehen. Im Sommer (Juli–September, 3 x pro Abend), nach Einbruch der Dunkelheit, verwandelt sich die Fassade der gotischen Kathedrale in eine riesige Leinwand, auf die eine ebenso poetische wie spektakuläre Multimediashow projiziert wird.

Touristinformation Strasbourg,
17 Place de la Cathédrale, 67082 Strasbourg,
www.otstrasbourg.fr

Dicht an dicht drängen sich die Häuser im mittelalterlichen Ortskern von Èze Village. Zur Küste gelangt man auf verschlungenen Straßen oder über den »Sentier Nietzsche«, den einst auch der Philosoph einschlug, um ins Dorf zu gelangen.

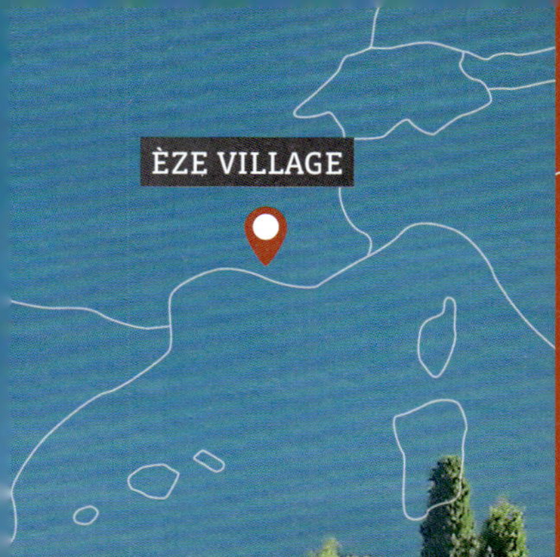

16 Verträumtes Felsennest

Côte d'Azur, Frankreich

Als Reiseziel ist die Riviera östlich von Nizza ein wenig aus der Mode gekommen. Doch gerade deshalb sollte man der sonnenverwöhnten Region einen Besuch abstatten. Die Küstenlinie steigt hier oft so spektakulär über dem Meer auf, dass viele Gemeinden ein Doppelleben führen: Am Ufer breiten sich ihre mondänen Häfen, Seebäder, luxuriösen Villen und Eisenbahntrassen aus – hoch oben am Berg kleben die Altstädte mit ihren steilen, verwinkelten Gassen. Auch Èze hat zwei Etagen. Die schönere der beiden, Èze Village, schmiegt sich eng an einen Felsensporn, der zwischen Beaulieu und Monaco rund 400 Meter über der Côte d'Azur in den Himmel ragt. Als Friedrich Nietzsche (1844–1900) Ende des 19. Jahrhunderts den schmalen Pfad vom Bord-de-Mer hinauf ins Dorf schnaufte, war er begeistert vom weiten Panoramablick, der an klaren Tagen zum Cap Ferrat, nach Ventimiglia und sogar bis Korsika reicht. Der Philosoph verbrachte einen Winter in Èze und vollendete hier den dritten Teil von »Also sprach Zarathustra«. Das idyllische Dorfleben, das Nietzsche damals noch vorfand, ist längst perdu. Die vielen Boutiquen, Galerien und Cafés in Èze leben heute vom Fremdenverkehr, und im Hochsommer lockt die Schönheit des Orts unzählige Tagestouristen an. Deutlich ruhiger ist es hier jedoch in der frühen Vor- und späteren Nachsaison. Nach Monaco, Nizza und auch zu den einsamen Wanderwegen der Seealpen ist es nicht weit. Und so ist das verträumte Felsennest der ideale Stützpunkt für einen zauberhaften Kurzurlaub zwischen Bergen, Blumen und Meer.

www.eze-tourisme.com

1 Roquebrune

Am Cap Ferrat, bis heute beliebtes Domizil betuchter Prominenz, schraubt sich die legendäre Grande Corniche in engen Kurven hinauf in luftige Höhen. Nach wenigen Minuten sollte man rechts den Blinker setzen und Roquebrune einen Kurzbesuch abstatten. Das Leben im Bergdorf spielt sich rund um die winzige Place des Deux Frères ab, die wie der Balkon eines Grandhotels am Fels klebt. Noch höher liegt nur die mittelalterliche Burg (10. Jh.) des Ortes. Als Wohnsitz und Festung diente sie bereits vielen Herren – jahrhundertelang auch den Grimaldis, die ursprünglich aus Genua stammten. Vor allem abends lohnt es sich, auf die Aussichtsplattform der Burg zu klettern und die endlos weite Aussicht zu genießen.

www.roquebrunesurargens-tourisme.fr

Nur wir zwei

Gleich drei Traumstraßen schlängeln sich, oszillierend zwischen Himmel und Meer, von Menton nach Nizza. Die reizvollste von ihnen, die **Grande Corniche** (D2564), verläuft in einer Höhe von bis zu 600 m über der Küste. Atemberaubend schön ist es hier in den Morgenstunden, wenn die Sonne ihre ersten Strahlen als funkelndes Lichternetz über dem Meer auswirft. Wer am frühen Abend unterwegs ist, sollte unbedingt La Turbie ansteuern, den Ortskern südwärts durchqueren und dann links auf die »Route de la Tête de Chien« abbiegen. Nach wenigen Minuten erreicht man einen Trampelpfad zum »Hundskopf«, einem Felsvorsprung mit einzigartigem Ausblick über die Hochhäuser Monacos.

Touristinformation La Turbie,
2 Place Detras, 06320 La Turbie,
www.ville-la-turbie.fr

2 Menton und Seealpen

Wie ein Haufen bunter Bauklötze türmt sich die Altstadt von Menton über dem Meer auf. Eingefasst wird sie im Norden von den Gipfeln der Seealpen. Wenn sich der Winter dem Ende zuneigt und die Bergkuppen noch mit Schnee bedeckt sind, verschmelzen Stadt und Hinterland zu einem farbenfrohen Postkartenidyll. Den bevorstehenden Frühling begrüßt man hier mit dem Zitronenfest (www.fete-du-citron.com), bei dem sich ganz Menton in eine karnevaleske Wunderwelt aus duftenden Früchten verwandelt. Wer den Ort zum ersten Mal besucht, bleibt häufig in der Fußgängerzone hängen. Es lohnt sich aber, auch die Seitengassen zu erkunden. Insbesondere der Aufstieg zum wildromantischen Friedhof ist ein Erlebnis – ebenso wie ein Abstecher ins Gebirge. Zu empfehlen ist die Rundtour auf der D2566 nordwärts Richtung Sospel. Von hier überquert man ostwärts die Landesgrenze und gelangt via Airole (SS20) nach Ventimiglia, der italienischen Nachbarstadt Mentons an der Blumenriviera (ca. 45 km, 1,5 Std.).

Touristinformation Menton,
8 Avenue Boyer, 06500 Menton,
www.menton.fr

3 Saint-Paul-de-Vence

Mit seinen verwinkelten Gassen und blumengeschmückten Fassaden ist Saint-Paul-de-Vence ein kleines südfranzösisches Juwel. In der Altstadt arbeiten noch heute etliche Künstler. Ihre Kreationen kann man kaufen oder einfach nur in den vielen, oft winzigen Ateliers bestaunen. 1966 wurde mit Marc Chagall einer der bedeutendsten Maler des 20. Jh. in Saint-Paul sesshaft. Er lebte hier zwei Jahrzehnte lang und fand auf dem Dorffriedhof seine letzte Ruhe. Spuren seines Schaffens finden sich überall im Ort, einige seiner Werke kann man auch in der nahe gelegenen Fondation Maeght (www.fondation-maeght.com) besichtigen.

Touristinformation Saint-Paul-de-Vence,
2 Rue Grande, 06570 Saint-Paul-de-Vence,
www.saint-pauldevence.com

4 Nizza

Wer genügend Zeit hat, sollte in Nizza übernachten. Denn neben viel südfranzösischem Flair bietet die Stadt drei hoch-

Beste Reisezeit

Im September und Oktober weicht die Hitze angenehmer Wärme und kristallklarer Luft. Auch die Zahl der Ausflugsbusse nimm ab. Im Frühjahr blühen Mimosen und Ginster, die Nächte und Wassertemperaturen sind jedoch oftmals auch im Mai noch sehr frisch.

Mehr als nur ein Hotel: Das Negresco an der Promenade des Anglais gilt als Wahrzeichen Nizzas.

karätige Museen: Im Musée Matisse (www.musee-matisse-nice.org) und im Musée National Marc Chagall (www.musees-nationaux-alpesmaritimes.fr) kann man ins Werk zweier französischer Meister eintauchen, die zwar zur gleichen Zeit an der Côte d'Azur lebten und arbeiteten, künstlerisch aber unterschiedliche Wege gingen. Liebhaber moderner Kunst wiederum kommen im Mamac (www.mamac-nice.org) voll auf ihre Kosten. Zu jedem Nizzabesuch gehört aber freilich auch ein Bummel über die Promenade des Anglais sowie über den berühmten Obst- und Blumenmarkt auf dem Cours Saleya.

Touristinformation Nizza,
5 Promenade des Anglais, 06302 Nice,
de.nicetourisme.com

5 Villa Ephrussi de Rothschild

Aus der Ferne wirken die Boote, die rund um Cap Ferrat dicht an dicht vor Anker liegen, wie schwimmende Wasservögel auf einem tiefblauen Teich. Tatsächlich handelt es sich um Luxusjachten. Richtig nobel ist auch die in zartes Rosa getünchte Villa Ephrussi de Rothschild im Zentrum der Halbinsel. Mitsamt ihren Themengärten wurde sie kurz vor dem Ersten Weltkrieg im Renaissancestil errichtet. Alljährlich Ende August wird der Prachtbau zur Kulisse für das Opernfestival »Les Azuriales« (www.azurialopera.com).

1 Avenue Ephrussi de Rothschild,
06230 Saint-Jean-Cap-Ferrat,
www.villa-ephrussi.com

Château Eza

Traditions- und Topadresse am höchsten Punkt des Dorfs – mit hervorragendem Restaurant und charmant-aristokratischem Flair. Wer den sensationellen Meerblick vom privaten Zimmerbalkon aus genießen möchte, muss allerdings eine der luxuriösen Suiten buchen.

Rue de la Pise, 06360 Èze Village,
www.chateaueza.com

La Fiancée du Pirate

Über diesem Drei-Sterne-Haus mit traumhaftem Pool und Aussicht aufs Meer weht keine schwarze Flagge, sondern der süße Duft der Bougainvilleas. Perfekte Lage an der Corniche Moyenne, hoch über Villefranche-sur-mer.

8 Boulevard de la Corne d'Or,
06230 Villefranche-sur-Mer,
www.fianceedupirate.com

La Terrasse

Fisch, Hummer und andere maritime Köstlichkeiten werden auf der Dachterrasse des Méridien-Hotels serviert. Im Loungebereich kann man den Sonnenuntergang bei einem Cocktail genießen.

1 Promenade des Anglais,
06000 Nice,
www.laterrasse-nice.com

Le Nid d'Aigle

Snacks, Drinks und leckere Dauerbrenner der internationalen Küche machen satt und zufrieden – das südfranzösische Flair auf der lauschigen, schattigen Terrasse hingegen richtig glücklich.

1 Rue du Château, 06360 Èze Village,
www.leniddaigle-eze.com, Mi Ruhetag

17 Insel der Schönheit

Korsika, Frankreich

Die zerklüfteten Îles Sanguinaires fühlen sich nach Irland an, die Wandertour durchs rote Felsenmeer der Calanche nach Arizona oder New Mexico. Und wer sich an einem der strahlend weißen Sandstrände an der Südküste Korsikas auch noch eine Piña Colada bestellt, erlebt Karibikfeeling pur. Diese Insel ist einfach unglaublich vielseitig. Und größer, als man bei der Reiseplanung vielleicht vermutet. Denn Schnellstraßen gibt es hier kaum; von A nach B schlängeln sich meist enge, kurvige Abenteuerpisten. Sie zu befahren macht Spaß und ist noch dazu landschaftlich äußerst reizvoll, dauert aber natürlich. Wer auf Korsika Urlaub machen möchte, sollte daher mindestens 14 Tage bleiben – oder sich auf eine der beiden Inselspitzen konzentrieren. Die Attraktionen im Osten, Westen oder auch im Landesinneren kann man dann gut in Tagesausflügen ansteuern. Aber wohin zuerst? Wer Sonne tanken und einfach nur im Meer baden und ausspannen will, ist im Süden am besten aufgehoben. Hier finden sich neben den beliebten Traumstränden Palombaggi und Santa Giulia auch viele, oft versteckte und wildromantische Buchten, an denen man ungestörte Zweisamkeit genießt. Naturfreunde wiederum werden im Landesinneren glücklich, was nicht zwingend bedeutet, dass man in einer einsamen Hütte im Hochgebirge oder auf dem Campingplatz übernachten muss. Gerade in und rund um die vielen Bergdörfer haben sich zahlreiche, meist familiengeführte Landhotels etabliert. Neben rustikalem Luxus, bezaubernden Gärten und nicht selten hervorragender Küche bieten sie ihren Gästen vor allem Abgeschiedenheit und Ruhe. Zudem kann man von hier schnell in einen der zahlreichen Wanderwege einsteigen. Und was ist mit Kultur? Gibt es auch, aber nicht im Überfluss. Zu den spannendsten Städten zählen neben Bastia im Norden Bonifacio im Süden und die Inselhauptstadt Ajaccio – hier erblickte übrigens Napoleon Bonaparte das Licht der Welt.

www.visit-corsica.com/de

Die Îles Sanguinaires nahe Ajaccio sehen aus, als hätte Gott hier Steine geflitscht. An der Spitze der Landzunge kann man abends mit einer Flasche Wein den schönsten Sonnenuntergang Korsikas erleben. Taschenlampe mitnehmen!

Les Roches Rouges

Weltentrücktes Belle-Époque-Hotel hoch über der Küste bei Piana, das aus einem Filmset von Wes Anderson stammen könnte. Die Zimmer haben Patina, aber wer inklusive Meerblick im Obergeschoss bucht, will hier nie wieder weg.
Route de Porto, 20115 Piana, www.lesrochesrouges.com

A Cheda

Holzbalken und Natursteinmauern, dazu Glas, Samt und Designerleuchten – der Mix macht's in diesem Landhotel bei Bonifacio im Süden der Insel. Tipp für die Flitterwochen: die toll gestalteten Chambres Grand Charme.
Cavallo Morto, 20169 Bonifacio, www.acheda-hotel.com

Restaurant 20123

Das behaglich-rustikale Interieur des Lokals ist einem alten korsischen Dorf nachempfunden. Trotz Erlebnisfaktor: Das angebotene Menü ist lecker und landestypisch – gekocht wird mit regionalen Zutaten wie damals bei *grand-mère*. Reservieren!
2 Rue du Roi de Rome, 20000 Ajaccio, www.20123.fr, im Winter Mo Ruhetag

A Casarella

Hoch oben an der Nordwestküste gelegen – doch für die weite Anreise belohnt das vielleicht schönste Terrassencafé der Insel mit einem atemberaubenden Ausblick und köstlichen korsischen Tapas.
Stretta Di de Franchi, 20220 Pigna, Facebook > A Casarella, Pigna

1 Les Calanches de Piana

Schroffe Steilküsten prägen den wilden Westen Korsikas. Land und Brandung treffen hier meist nicht sanft und sandig, sondern mit roher Naturgewalt aufeinander. Doch sind es genau die Ecken und Kanten dieser urwüchsigen Landschaft, die sie so attraktiv machen. Zu den markantesten Flecken der Gegend zählt die Calanche 70 km nördlich von Ajaccio – ein von Wind und Wetter geformtes Meer aus rotem Granitstein, dessen spitze Felsnadeln im Abendlicht regelrecht zu glühen beginnen. Schon seit Jahrzehnten zählt die Calanche zum Weltnaturerbe der Unesco. Mitten hindurch windet sich die spektakuläre Bergstraße D81 zwischen dem kleinen Örtchen Porto und Piana mit zahlreichen Aussichtspunkten. Noch mehr Spaß macht es aber, das Naturwunder mit Rucksack und Wanderschuhen zu erleben.

Touristinformation Piana, 20115 Piana, www.otpiana.com

2 Ajaccio

Ein von Palmen gesäumter Küstenboulevard, mondäne Marinas und Kreuzfahrtterminals sowie einige Sandstrände prägen das dem Meer zugewandte Gesicht der Inselhauptstadt. Östlich der tief eingeschnittenen Hafenbucht befindet sich der internationale Flughafen, auf dem fast die Hälfte aller Korsikaurlauber landet. Seine wahre Schönheit entfaltet Ajaccio in der Altstadt, deren quirlig-urbanes Gassengewirr sich zu Füßen der Zitadelle in nördliche Richtung ausbreitet. Bummeln und sich einfach treiben lassen, lautet hier die Devise. Zahlreiche Cafés und Restaurants laden zur Pause ein, und mit ihren vielen Läden und Boutiquen ist vor allem die schmale Rue Cardinal Fesch ein echtes Shoppingparadies. Kulturelle Höhepunkte Ajaccios sind das Geburtshaus Napoleon Bonapartes mit Museum (www.musees-nationaux-malmaison.fr) sowie die verträumte Kathedrale (16. Jh.) in der Rue Forcioli Conti. Als Napoleon hier 1771 getauft wurde, ahnte freilich noch niemand, dass der kleine Bengel später einmal als Kaiser und Feldherr ganz Europa aufmischen und neu ordnen würde.

Touristinformation Ajaccio, 3 Boulevard du Roi Jérôme, 20181 Ajaccio, www.ajaccio-tourisme.com

3 Îles Sanguinaires

Zu den zauberhaftesten und gleichzeitig geheimnisvollsten Orten Korsikas gehören die Îles Sanguinaires, deren Name häufig mit »Blutinseln« ins Deutsche übersetzt wird. Die vier sehr kleinen, aus dunkelrotem Porphyrfels geformten Eilande ragen

Beste Reisezeit

Wander- und Naturfreunde besuchen die Insel ab Mai / Juni, wenn alles blüht und die Sonne noch nicht so sehr mit den Muskeln spielt. Auch der September ist eine gute Reisezeit. Baden kann man oft noch bis Ende Oktober, dann fällt die Insel in ihren Winterschlaf.

Das Dörfchen Piana im Westen Korsikas zählt zu den apartesten der Insel. Von hier aus ist es nicht weit in die märchenhafte Felsen- und Farbenwelt der Calanche.

westlich von Ajaccio aus dem Meer. Man kann sie mit dem Ausflugsboot besuchen, muss man aber nicht. Beeindruckender ist der Blick auf die Inselkette von der Spitze der schmalen Landzunge Pointe de la Parata, die man über die Küstenstraße D111 erreicht. Vom Parkplatz führt ein Rundweg zum alten Wachturm direkt über dem Meer. Abends erlebt man hier einen Sonnenuntergang, der für Gänsehaut sorgt.

Parkplatz Fähranleger an der Pointe de la Parata (Buslinie 5B, Place Charles de Gaulle in Ajaccio), www.ajaccio-tourisme.com

4 Traumstrände im Süden

Wasserratten und Sonnenanbeter suchen sich im Süden Korsikas ihr Quartier, denn hier finden sich sagenhafte Badebuchten. Allen voran der von duftenden Pinien gesäumte Bilderbuchstrand Palombaggia bei Porto-Vecchio mit türkisblauem Wasser und feinem weißen Sand, wie man ihn sonst nur aus karibischen Gefilden kennt. Paradiesisch ist auch die noch etwas nördlich gelegene, meist windstille Bucht von Santa Giulia, die man allerdings erst in den Abendstunden für sich alleine hat. Vom Meer umspülter roter Porphyrfels sorgt an der halbrunden Bucht von Rondinara für Badeerlebnis inklusive reizvollem Farbenspiel. Westlich von Bonifacio punktet die sichelförmige und ebenfalls sehr geschützt gelegene Plage de Roccapina mit kristallklarem, oft spiegelglattem Wasser und einem herrlichen Naturstrand. Hier kann man auch noch am frühen Abend das Handtuch ausbreiten und dann den goldenen Sonnenuntergang genießen.

www.visit-corsica.com/de

5 Bonifacio

Fallen die nicht runter? Keine Angst, viele der Häuser von Bonifacio, die abenteuerlich eng am Rande des Kliffs gebaut wurden, stehen hier schon seit Jahrhunderten. Der leuchtend-weiße Kalkstein an der Südspitze der Insel ähnelt den Steilküsten Südenglands. Auf einer Bootstour kann man die oft überhängenden Felsen aus nächster Nähe betrachten. Zuvor sollte man sich aber in der gemütlichen, verwinkelten Altstadt umsehen – eine der schönsten im ganzen Mittelmeerraum. Bewacht wird sie von der Zitadelle L'Étendard, dem trutzigen Wahrzeichen der Stadt.

Touristinfo Bonifacio,
2 Rue Fred Scamaroni, 20169 Bonifacio,
www.bonifacio.fr

Nur wir zwei

Korsika ist ein Dorado für Wanderer: In Nord-Süd-Richtung durchzieht ein Gebirgskamm die Insel, der rund um den Monte Cino (2706 m) sogar hochalpinen Charakter besitzt. Ein intensives Naturerlebnis ist die Korsika-Durchquerung auf dem 170 km langen **Fernwanderweg GR20**, am besten zwischen Juni und August. Für die gesamte Route muss man viel Erfahrung, Kondition und etwa 15 Tage Zeit mitbringen. Übernachten kann man in Schutzhütten am Weg (Reservierung unter www.pnr.corsica). Lohnend und nicht zu anspruchsvoll sind die Etappen im Süden. **www.korsika-entdecken.de/wandern**

Intimer Luxus: Die Dachterrasse mit Blick auf das Convent de Sant Francesc zählt buchstäblich zu den Höhepunkten des Hotels Posada Terra Santa im Herzen der Oberstadt von Palma de Mallorca.

18 Warme Wintersonne

Palma de Mallorca, Spanien

»Igitt, Schneeregen? Wirklich? Nee, wir sitzen sogar draußen. Ja, danke, tschüss!« In Palma hört man solche oder ähnliche Gesprächsfetzen zu Jahresbeginn häufiger. Oft werden sie etwas verschämt oder mit gespieltem Mitleid in den Telefonhörer gegluckst. Dann heißt es schnell auflegen und das Gesicht wieder der Sonnen zuwenden. Da kommt auch schon der Milchkaffee. Gracias! Ein Kurztrip nach Mallorca während der kalten Jahreszeit ist fast noch ein Geheimtipp. Flüge und Hotels sind erschwinglich, und mit etwas Glück machen sich Anfang Januar die *calmes de gener* über der Insel breit – ein ausgedehntes Hochdruckgebiet, das den Balearen neben absoluter Windstille einen kristallklaren Himmel und milde 20 °C beschert. Unter der leuchtenden Wintersonne zeigt sich auch die Inselhauptstadt mit ihren malerischen Gassen und Patios, den vielen Straßencafés, Aussichtspunkten und Museen von ihrer angenehmsten Seite. Und das ganz ohne Gedränge. Idealer Ausgangspunkt für die Besichtigung ist der Passeig Marítim. Die Promenade mit ihren flankierenden Bauten gliedert die einzelnen Stadtviertel sehr schön: Auf einer kleinen Anhöhe thront das Wahrzeichen Palmas, die gotische Kathedrale La Seu, hinter der sich die Oberstadt erstreckt. Ein wenig westlich markiert die Seehandelsbörse Sa Llotja den Eingang zur Unterstadt mit ihren eindrucksvollen Jugendstilbauten. Noch weiter westlich befindet sich das junge Szeneviertel Santa Catalina mit schicken Restaurants und Bars. Voll im Trend liegen kleine versteckte Boutiquehotels im Herzen der Altstadt, die ihren Gästen luxuriösen Komfort und dazu viel mallorquinisches Flair bieten. Zu den schönsten zählt das familiär geführte Vier-Sterne-Haus Posada de Terra Santa östlich der Plaça Major, das mit viel Liebe zum Detail in ein altes Herrenhaus aus dem 16. Jahrhundert integriert wurde. Von der mit Liegestühlen und Pool ausgestatteten Dachterrasse hat man einen umwerfenden Blick über das gotische Viertel und die altehrwürdigen Mauern des benachbarten Klosters Sant Francesc.

---

www.visitpalma.cat/de
www.posadaterrasanta.com

1 Die Dachterassen von La Seu

Sie ist die schönste der ganzen Insel: Am Besuch der gotischen Kathedrale von Palma führt buchstäblich kein Weg vorbei, denn ihre vier Türme ragen so stolz und hoch in den Himmel über der Altstadt, dass man sie auch weit ab vom Zentrum aus immer neuen Perspektiven bewundern kann. Seit der Grundsteinlegung im Jahr 1230 halfen unzählige Baumeister bei der Konstruktion der imposanten Hallenkirche mit und ließen dabei den Zeitgeist ihrer Epochen einfließen. Anfang des 20. Jh. drückte Architekt Antoni Gaudí dem Gotteshaus noch einmal einen besonderen künstlerischen Stempel auf, und erst zu Beginn des 21. Jh. wurde die von Lokalmatador Miquel Barceló neu und provokant gestaltete Kapelle Santìssim Sacrament geweiht. Ein echtes Highlight sind die Dachterrassen von La Seu, die erst seit einigen Jahren wieder für Besucher geöffnet sind. Schon der Blick durch die Mauerschlitze im engen Treppenhaus des Glockenturms gibt einen Vorgeschmack auf das, was hoch oben wartet. Doch nicht nur der Blick auf Hafen, Königspalast und das Dächermeer der Altstadt ist atemberaubend, auch die gotische Fassade mit dem gewaltigen Strebewerk und Spitzbogenfenstern ist hier zum Greifen nah.

Plaça de l'Almoina, 07001 Palma,
Onlinereservierung für Terrasse empfohlen,
www.catedraldemallorca.org

Nur wir zwei

An der Plaça d'Espanya startet der berühmte **Tren de Sóller** seine einstündige Romantikfahrt durchs Tramuntana-Gebirge ins Tal der Orangen. Ganz gemütlich schnauft und zuckelt die Eisenbahn auf schmalen Gleisen aus der Stadt, doch mit jedem Kilometer wird die Strecke steiler, kurviger – und plötzlich sind die leuchtenden Gipfel der Berge zum Greifen nah. Gleich hinter dem Triebwagen des Nostalgiezugs befindet sich das winzige historische Erste-Klasse-Abteil. Hier sitzt man nicht auf harten Holzbänken, sondern ohne Aufpreis und mit bester Aussicht auf kuscheligen Sofas. Für den genussvollen Komfort muss man sich allerdings mindestens 15 Min. vor Abfahrt ganz vorne am Bahnsteig anstellen.
Ferrocarril de Sóller, Carrer Eusebio Estada 1, 07004 Palma, www.trendesoller.com

2 Es Baluard

Hierher kommt man nicht nur, um sich angesagte zeitgenössische Kunst anzusehen: Schon das weitläufige Areal des Museums, das mit viel Glas und Sichtbeton ins Gemäuer der alten Festung Sant Pere integriert wurde, macht den Besuch zum Erlebnis. Gleich mehrere, über Rampen und Treppen verbundene Decks bieten grandiose Aussichten. Einige davon liegen sogar etwas versteckter und eignen sich perfekt für ein romantisches Tête-à-Tête. Der Blick schweift von der Kathedrale im Osten südwärts bis weit über den Passeig Marítim und bleibt dann unvermeidlich am »Es Bou«, der kolossalen Himmelstreppe des spanischen Stararchitekten Santiago Calatrava, hängen. Gleich nebenan lädt die Freiluftlounge des hippen Museumscafés zu einem entspannten Sundowner ein.

Plaça de la Porta Santa Catalina 10,
Buslinie 1, 41: La Feixina,
07012 Palma, www.esbaluard.org

3 Santa Catalina

Der würzig-süße Duft der großen weiten Welt zieht aus den Küchenfenstern der Restaurants auf die Carrer de Sant Magí. Diese Straße ist die multikulturelle Hauptschlagader des jungen Szenequartiers Santa Catalina. Neben Bars, Tattoo-Shops und veganen Supermärkten hat sich hier eine lebendige internationale Gastroszene etabliert. Das Viertel wirkt urbaner und rauer als der Rest der Stadt, wird im Westen jedoch immer lieblicher. Beim Bummel über die Plaça del Vapor im Mühlenviertel mit ihren Orangenbäumchen und bunten Fassaden geht einem regelrecht das Herz auf!

Carrer de Sant Magí, 07013 Palma,
Buslinie 1, 41: La Feixina

Beste Reisezeit

Oktober und Januar sind perfekt für einen entspannten Städtetrip. Im Herbst ist es ruhig und meist noch angenehm warm; nach Neujahr breitet sich oft mildes, stabiles Hochdruckwetter mit viel Sonne über der Insel aus. Im Sommer ist Palma heiß und überlaufen.

Rauf auf den Sattel, raus aus der Stadt: Palmas langer Küstenfahrradweg macht's möglich.

4 Mercat de l'Olivar

Orangen, Oliven, Sobrassada und Fisch: Der Mercat de l'Olivar ist Palmas authentischster Lebensmittelmarkt mit riesiger Auswahl. Auch wer nichts kaufen möchte, wird vom wuseligen Flair begeistert sein. Frischer und schmackhafter als an den kleinen Bars im Erdgeschoss bekommt man Tapas übrigens an keinem anderen Ort der Stadt serviert. Wer zur Frühstückszeit kommt: Die besten Ensaïmadas (Hefeschnecken) gibt es in der Casa Canet (Nr. 127), duftenden Café con leche an einem der Nachbarstände. Mehr braucht der Mallorquiner nicht zum Wachwerden.

Plaça de l'Olivar, 07002 Palma,
Buslinie 2,9,16, 33: Plaça d'Espanya,
www.mercatolivar.com

5 Mit dem Fahrrad zur Platja

Fahrradfahren in Palma? Das funktioniert auf dem über 8 km langen Radweg nach Can Pastilla hervorragend. Die Traumstrecke startet am Passeig Marítim und verläuft ostwärts immer am Meer entlang. Auf den besonders reizvollen Abschnitt zwischen Molinar und der Ciutat Jardí folgt schon bald die zerklüftete Naturküste Es Carnatge bei Can Pastilla. Von hier kann man sogar weiter bis S'Arenal radeln – oder umkehren und im Anima Beach Club am Stadtstrand Can Pere Antoni den Sonnenuntergang mit einem Cocktail begießen (www.animabeachpalma.com).

Palma on Bike, Avinguda d'Antoni Maura 10,
07002 Palma, www.palmaonbike.com,
Reservierung am Vortag empfohlen

Hotel Ciutat Jardí

Stadt- und Badeurlaub kann man hier perfekt kombinieren. Die Hotelvilla bietet schöne Zimmer und einen tropischen Garten mit Pool; Meer und Strand liegen direkt vor der Haustüre. Und mit dem Drahtesel ist man in nur 15 Min. in Palma.
Carrer l'Illa de Malta 14,
07007 Palma / Ciutat Jardí,
www.hciutatj.es

Quina Creu

Immer noch ein Geheimtipp, in dem urbanes Hipsterflair auf Kerzenlichtromantik trifft. Serviert werden leckere Tapas und Pinxtos, mallorquinische Leckerbissen und auch gute Cocktails.
Carrer de la Corderia 24, 07001 Palma,
www.quinacreu.com

Bodega Can Rigo

Bezaubernde Mini-Tapasbar am Rande des Lljota-Viertels, in der man auch perfekt mit Café und Hörnchen in den Tag starten kann. Mit etwas Glück ergattert man einen Tisch oben auf der kleinen Galerie.
Carrer de San Feliú 16, 07012 Palma,
www.bodegacanrigo.es

La Biblioteca de Babel

Stimmungsvolle Mischung aus Buchladen, Weinbar und Café am Durchgang von der Ober- zur Unterstadt. Auf der kleinen Terrasse kann man abends das bunte Treiben auf den Stufen der Carrer d'Arabí genießen – hier treffen sich Jugend und Straßenmusiker.
Carrer d'Arabí 3, 07003 Palma,
www.labibliotecadebabel.es

Auf den Hügeln rund um die Altstadt verstecken sich unzählige Aussichtspunkte, die sogenannten Miradouros. Besonders schön: der Miradouro de Nossa Senhora do Monte. Von hier schweift der Blick bis zur Ponte 25 de Abril, einem der vielen Wahrzeichen Lissabons.

19 Lisbon Story

Lissabon, Portugal

Es ist, was es ist – Liebe auf den ersten Blick. Und mit bloßem Verstand ist die Schönheit dieser Stadt auch nicht greifbar. In vielen Vierteln bröckelt der Putz von den maroden, oft mit Graffiti besprühten Fassaden, zur Ferienzeit versperren Besuchermassen den Blick auf die reizvollsten Fotomotive, und pünktlich zur Rushour versinkt das Zentrum in anarchischem Verkehrschaos. Und doch trifft Lissabon mitten ins Herz – mit einem verführerischen Zauber, den viel mehr ausmacht, als die Summe der Attraktionen, die man hier bestaunen kann. Wer ihn sofort spüren möchte, stürzt sich am ersten Reisetag nicht ins Getümmel der Unterstadt Baixa, sondern erklimmt vom Tejoufer aus einen der vielen Aussichtspunkte der östlich gelegenen Alfama. Einer der schönsten befindet sich am Castelo de São Jorge, das mit seinen Türmen und Zinnen hoch über den Dächern Lissabons aufragt und im 11. Jahrhundert von den Mauren errichtet wurde. Die Festung war einst Keimzelle der Stadt, die sich von hier aus immer weiter westwärts ausdehnte. Wenn die Bairros am Fuße der Burg frühmorgens langsam aus den Schatten der Nacht gleiten und ihre Häuser nach und nach in zarten Pastelltönen zu leuchten beginnen, ist das fast schon ein urbanes Naturschauspiel. Dazwischen winden sich steile Gassen die Hügel hinauf, durch die sich auch Lissabons berühmte Trambahnen schlängeln. Oft geht es dabei so eng zu, dass kaum eine Handbreit Platz zwischen den Waggons und den Mauern bleibt. Eine Nostalgietour mit der Linie 28 – möglichst abends, wenn man einen Fensterplatz ergattert – ist Pflicht. Ebenso wie die Fahrt mit einem der spektakulären Aufzüge, etwa dem Elevador de Santa Justa, der Unter- und Oberstadt verbindet.

www.visitlisboa.com/de

1 Alfama

Ein verschachtelter Irrgarten aus Gassen und Treppen zieht sich durch die Alfama, deren Dächer wie ein bunter Fleckenteppich über dem Tejo aufsteigen. Das Viertel zählt zu den ältesten Lissabons und hat das Erdbeben von 1755 nahezu unversehrt überstanden. Daher können Besucher hier noch heute mittelalterliches, fast schon kleinstädtisches Flair genießen. Wer in der Alfama lebt, kennt und grüßt seine gesamte Nachbarschaft – und verbringt mehr Zeit auf den kleinen Plätzen und Terrassen der Cafés als in den eigenen vier Wänden. Einen ersten Überblick über den Bairro verschafft man sich am besten bei einem Spaziergang über die Ringmauern des Castelo de São Jorge (www.castelodesaojorge.pt). Die Festung wurde im 11. Jh. über der Stadt von den Mauren errichtet und war später trutzige Residenz portugiesischer Monarchen. Der deutsche Filmemacher Wim Wenders drehte in und um die Burg etliche Szenen seiner »Lisbon Story« (1994), einer musikalischen Ode an die schönste Stadt Portugals.

Tramlinie 12, 28: Miradouro de Santa Luzia,
Metrolinie Verde: Martim Moniz

Nur wir zwei

Lissabon bietet so viele fabelhafte Aussichtspunkte, dass man sich kaum entscheiden kann, welcher denn nun der schönste ist. Auf den vordersten Plätzen rangiert der **Miradouro de Nossa Senhora do Monte** – einer der höchsten der Stadt. Reizvoll, aber steil ist der Aufstieg über die Treppen an der Rua Damasceno Monteiro (Nr. 70). Bequemer und mit der Tram erreicht man sein Ziel über die Rua da Graça. Oben angekommen, sind mit etwas Glück noch zwei Logenplätze auf einer Parkbank frei. Arm in Arm genießt man hier einen phänomenalen Blick über das Dächermeer der Stadt.
Tramlinie 28: Rua da Graça, dann ca. 10 Min. zu Fuß

2 Fahrt mit der Eléctrico 28

Sie rattert und ruckelt, ist unbequem und meistens proppenvoll. Sei's drum: Die Fahrt in der legendären Straßenbahnlinie 28 ist und bleibt ein ganz besonderes Erlebnis. Die charmante gelbe Nostalgietram startet an der Praça Martim Moniz unterhalb des Castelo de São Jorge, fährt dann süd- und später westwärts bis zum Cemitério dos Prazeres. Dabei überwinden die Waggons extreme Steigungen und abenteuerliche Engstellen. Unbedingt frühmorgens oder abends einsteigen – am besten an einer der beiden Endstationen.

Tickets in der Tram oder an Verkaufsstellen mit blau-gelbem Carris-Logo,
www.carris.pt

3 Hafenviertel Belém

Plötzlich Fernweh? Das ist ganz normal, wenn man in Belém auf einer Kaimauer sitzt und über den Tejo zur rot leuchtenden Ponte 25 de Abril hinüberblickt. Wo heute moderne Fähren über den Fluss gleiten, brachen im 15. Jh. die großen Entdecker mit ihren Karavellen Richtung Indien, Afrika und Südamerika auf. An das goldene Zeitalter Portugals als See- und Kolonialmacht erinnert das Monumentaldenkmal Padrão dos Descobrimentos von 1960. Zur Verteidigung von Hafen und Stadt wurde an der Tejomündung im Spätmittelalter der 35 m hohe Torre de Belém (1521) errichtet. Allen Schießscharten und Kanonenrohren zum Trotz versprüht die Bastion mit ihren vielen Türmchen und Verzierungen eher romantisches denn martialisches Flair. Und so umarmen und küssen sich denn auch Paare aus aller Welt auf der traumhaften Aussichtsterrasse der Festung, während im Westen die Sonne langsam im Atlantik versinkt. Ansehen sollte man sich in Belém unbedingt auch das spätgotische Hieronymitenkloster. Es zählt zu den großen Kulturschätzen Lissabons und ist neben dem Torre de Belém eines der wenigen, zu Zeiten König Manuels I. errichteten Prachtbauten, die nicht vom Erdbeben zerstört wurden.

Torre de Belém,
Tramlinie 15: Belém,
www.torrebelem.gov.pt

Beste Reisezeit

Spätestens im März zeigt sich der Frühling, und ab April werden 20 °C erreicht. Bis Mitte Mai ist es angenehm warm, aber nicht zu heiß. Ideale Bedingungen, um die Stadt zu erkunden, herrschen auch im September und Oktober. Ab November wird es nass!

Auf ihrer kurvigen Fahrt durch die Stadt zuckelt die legendäre Trambahn 28 am Westportal der Catedral Sé Patriarcal vorbei – passiert aber noch viele weitere Sehenswürdigkeiten.

4 Bairro Alto

Lebenskünstler, Musiker und Designer tummeln sich in den Gassen der Oberstadt Lissabons. Natürlich meist erst ab dem späten Nachmittag. Das Bairro Alto ist denn auch für sein abwechslungsreiches Nachtleben berühmt. Ob shabby oder schick: Die zahlreichen Bars, Cafés und Restaurants bieten für jeden Geschmack das passende Angebot. Hinauf ins Viertel gelangt man über die Rua da Bica do Duarte Belo. Wer nicht laufen möchte, steigt in den Elevador da Bica, eine Standseilbahn, die hier schon seit 1892 in Betrieb ist.

Tramlinie 28: Praça Luís de Camões,
Metrolinie Azul: Baixa-Chiado

5 Parque e Palácio da Pena

Halb Tempel, halb Märchenschloss: In der Architektur des Palácio Nacional da Pena (1840) prallen Welten aufeinander – oder besser gesagt, sie verschmelzen zu einem kuriosen Gesamtkunstwerk. Türmchen und Erker in allen Formen und Farben schmücken das »portugiesische Neuschwanstein«, das bei Sintra, rund 30 km westlich von Lissabon, auf einem Felsen thront. Beauftragt hat den Bau der portugiesische »Künstlerkönig« Ferdinand II. (1816–1885). Mitsamt Schlosspark zählt die Anlage zum Welterbe der Unesco.

Estrada da Pena, 2710–609 Sintra,
www.parquesdesintra.pt

Casa Amora

Wohlfühloase mit kleinen, aber sehr liebevoll gestalteten Zimmern und Studios, in denen warme Farben dominieren. Die Nachbarschaft ist grün, ruhig und echt portugiesisch – ins Zentrum sind es zu Fuß ca. 20 Min.

Rua de João Penha 13,
1250–131 Lisboa,
www.casaamora.com

NH Collection Liberdade

Elegantes, ganz in Beige gehaltenes Hotel in der Baixa, das mit Pool auf dem Dach und einer schicken Rooftopbar punktet. Je höher, desto besser, lautet daher das Motto bei der Zimmerwahl!

Avda. da Liberdade 180 B,
1250–146 Lisboa,
www.nh-hotels.com

Prado

Kreative Bio-Gourmetküche am Rande der Alfama. Alle Zutaten werden in der Umgebung eingekauft und dann frisch und als kleine Häppchen zubereitet. Urbanes Interieur mit hohen Decken, sehr schöne Außenterrasse.

Travessa das Pedras Negras 2,
1100–404 Lisboa, www.pradorestaurante.com, Mo, Di Ruhetag

The Insólito

Ein uralter Aufzug befördert Gäste hinauf in den Himmel über Lissabon. Hier genießt man Fisch, Saftiges vom Grill – oder einfach nur den Ausblick bei einem Cocktail. Reservierung empfohlen.

Rua de São Pedro de Alcântara 83,
1250–238 Lisboa, www.theinsolito.pt

Frisches Design: Die Art-Suiten des Icehotel sind kleine Kunstwerke. Bei sieben Grad unter null verbringt man hier aber meist nur eine bis zwei Nächte im Schlafsack und zieht dann in eines der beheizten Zimmer des Resorts um.

20 Feuer und Eis

Lappland, Schweden

Minus sieben Grad Zimmertemperatur! Doch den schleichenden Kältetod muss keiner der Gäste des Icehotel fürchten. Nachts macht man es sich auf Tierfellen im kuscheligen Thermoschlafsack gemütlich, und wer das Premiumpaket gebucht hat, bekommt am nächsten Morgen sogar eine heiße Tasse Cranberrysaft ans Bett serviert. Es ist ein kurioser und zugleich faszinierender Ort, dieses Resort im nordschwedischen Jukkasjärvi bei Kiruna. Rund 200 Kilometer nördlich des arktischen Polarkreises hat man das frostige Klima zur Tugend gemacht und eine leuchtend-weiße Wunderwelt aus Eis geschaffen, deren unterkühlte Eleganz ihresgleichen sucht. Hunderte Künstler und Architekten aus aller Herren Länder bewerben sich jedes Jahr, um an der Gestaltung des Areals mitzuwirken. Wer den Job bekommt, greift ab Oktober, wenn das Quecksilber wieder dauerhaft unter die Nullmarke rutscht, zu Hammer und Meißel und kann seiner Fantasie freien Lauf lassen. Dabei entstehen nicht einfach aufgehübschte Iglus, sondern regelrechte Museumssuiten, die mit kunstvollen Skulpturen und Texturen ausstaffiert werden. Den Rohstoff dafür liefert der nahe gelegene Torne. Aus dem gefrorenen Gebirgswasser des Flusses werden pro Jahr rund 2500 gigantische Eisblöcke herausgelöst, mit Schnee vermengt und dann verbaut und geformt. Während der Großteil der Hotelanlage so Jahr für Jahr mit neuem Design aus der Taufe gehoben wird, hat man mittlerweile einige Suiten als »Icehotel 365« dank ausgefeilter Öko-Kühltechnik dauerhaft konserviert. Sie können also auch während der Sommermonate gebucht werden. Am schönsten und stimmungsvollsten ist es freilich im Herbst und Winter, wenn die Polarlichter am Firmament flackern. Wer will, kann sich im Hotel auch das Jawort geben – natürlich in einer Kapelle aus blau schimmerndem Eis.

www.icehotel.com, www.visitsweden.de

1 Abisko Nationalpark

Viele Wanderwege starten oder kreuzen sich in Abisko. Der bekannteste unter ihnen ist der Königspfad Kungsleden, der sich von hier südwärts schlängelt und in den kargen, baumlosen Weiten der Hochtundra verliert. Rucksack, Proviant, stabiles Schuhwerk und warme, wetterfeste Kleidung – mehr braucht man nicht, um in die raue Schönheit des Nationalparks einzutauchen, in dem Elche, Rentiere, Polarfüchse und unzählige Vogelarten leben. Über das Wegenetz sowie die Flora und Fauna informiert das Naturum an der Abisko Mountain Station, die man nach langer, aber nie langweiliger Fahrt über die Europastraße 10 erreicht. Gesäumt von Einsamkeit und Fjällbirken, führt sie viele Kilometer am Ufer des Torneträsk entlang, dem größten See der Region. Er markiert auch die nördliche Grenze des Nationalparks und wird vom reißenden Abiskojåkka gespeist, der in einer tiefen Schlucht durch den Talkessel rauscht. Wer es ruhig angehen möchte, schwebt mit der altmodischen Sesselbahn auf den Nuolja (1169 m). Von hier hat man einen fantastischen Blick auf das sichelförmige Trogtal Lapporten im Süden. Die Wiesen rund um den Gipfel sind im Frühsommer mit Troll- und anderen Bergblumen übersät. Hier oben, 900 m über dem Meeresspiegel, befindet sich auch die Aurora Sky Station (www.auroraskystation.se), einer der besten Orte Skandinaviens, um in den Herbst- und Wintermonaten das geheimnisvolle Polarlicht zu beobachten.

Nur wir zwei

Der **Kungsleden** zählt zu den schönsten Fernwanderwegen der Welt. Auf ihm kann man nicht nur die majestätischen Weiten Lapplands erleben, sondern auch, wie die eigene innere Uhr mit jedem Schritt langsamer tickt – und Herz und Seele von Frischluft und Freiheit geflutet werden. Der rund 440 km lange nördliche Abschnitt des »Königspfads« verläuft großteils durch die Bergtundra zwischen Hemavan und Abisko und durchquert dabei die alpine Kulisse mehrerer Nationalparks. Die Strecke ist in fünf Abschnitte gegliedert, die wiederum in fünf bis sechs Tagesetappen unterteilt sind und auch mit normaler Kondition bewältigt werden können. Übernachten kann man in vom STF (www.swedishtourist-association.com) betriebenen Fjällstationen, die meist auch Proviant verkaufen. Saison ist von Juni bis September, der Kungsleden ist aber auch für abenteuerlustige Winterwanderer markiert.
www.visitsweden.de

Touristinformation Abisko, 981 07 Abisko,
www.nationalparksofsweden.se

2 Jokkmokk

Wenige Kilometer nördlich des Polarkreises liegt Jokkmokk. Nur einige Tausend Seelen leben verstreut in der riesigen Gemeinde – einer der größten in ganz Schweden. In und um den gleichnamigen Hauptort haben sich rund 2800 Menschen niedergelassen. Traditionen und Kultur der Samen, der indigenen Bevölkerung der Region, werden hier noch gepflegt und sind allgegenwärtig; sogar Behördengänge können in samischer Sprache erledigt werden. Jedes Jahr am ersten Donnerstag im Februar lockt der exotische Wintermarkt der Stadt (www.jokkmokksmarknad.se) unzählige Touristen und Einheimische aus allen Himmelsrichtungen an. An Buden werden samische Spezialitäten und Kunsthandwerk verkauft und Tänzer, Sänger und Musiker aller Generationen zeigen ihr Können.

Touristinformation Jokkmok,
Stortorget 4, 962 23 Jokkmokk,
www.destinationjokkmokk.se/en

3 Sarek Nationalpark

Wie die steinerne Kuppel eines riesigen Tempels ragt der Nijak (1270 m) über unberührter Wildnis in den Himmel. Er ist einer von über 200 Gipfeln im Herzen des Sarek Nationalparks. Doch dorthin zu gelangen ist gar nicht so einfach! Denn markierte Pfade, Brücken oder gar bewirtschaftete Schutzhütten gibt es hier nicht. Und so ist die Durchquerung der

Beste Reisezeit

Das Icehotel hat 365 Tage geöffnet. Am besten bucht man aber zwischen November und April. Ende September fällt der erste Schnee, und die Polarlichtsaison beginnt. Ab Oktober meißeln Künstler die Teile des Resorts aus dem Eis, die im Frühling wieder schmelzen.

Ein Schläfchen vor der nächsten Tour: Lapplands Schlittenhunde sind im Winter gut gebucht.

Gebirgslandschaft mit ihren weiten Hochebenen, tief eingeschnittenen Canyons, Gletschern, Sümpfen, Seen und reißenden Bächen eines der letzten großen Abenteuer Skandinaviens, das nur wirklich erfahrenen Alpinisten vorbehalten ist. Einfache Tagestouren in die südlichen Ausläufer des Parks sind jedoch ab Kvikkjokk möglich. Auch der Fernwanderweg Kungsleden streift die Südspitze des Sarek. Von der STF-Fjällstation in Aktse führt ein beliebter Tagesausflug hinauf zum Skierffe (1179 m), von dem sich ein großartiger Panoramablick aufs breite Delta des Rapaälven mit seinen verschlungenen Flussarmen bietet.

Zugang aus südlicher Richtung
via Jokkmokk und Kvikkjokk,
www.nationalparksofsweden.se

4 Hundeschlitten fahren

Hoppla! Schon wieder eine Bodenwelle. Eine Tour mit dem Hundeschlitten durch die märchenhafte nordschwedische Winterlandschaft ist rasantes Erlebnis und Naturgenuss zugleich. Das Team von Jokkmokkguiderna organisiert im Winter und Frühjahr auch anspruchsvollere Mehrtagestouren. Übernachtet wird im Schlafsack in Blockhütten oder Zelten, gekocht mit kristallklarem Gebirgswasser aus Flüssen und Seen. Am Lagerfeuer kann man unterm Polarlicht seinen Lieblingsmenschen knuddeln – und nach jeder Etappe natürlich auch die süßen Huskies.

Jokkmokkguiderna,
Skabram 201, 962 99 Jokkmokk,
www.jokkmokkguiderna.com

Treehotel Sweden

Wer von extravaganter Hotellerie nicht genug bekommen kann: Im Treehotel bei Luleå übernachtet man in Designersuiten, die mitten im Wald in den Bäumen hängen. Paare checken natürlich bevorzugt im exklusiven »Bird's Nest« ein.
Edeforsväg 2 A, 960 24 Harads
(Flughafen Luleå), www.treehotel.se

Restaurang Allemans

Sehnsucht nach Süden? Da hilft nur Pizza! Hier schmeckt sie sogar fast wie in Italien. Wer experimentierfreudig ist, probiert die mit Rentierfleisch belegte Variante. Oder die mit Banane.
Västra Kyrkallén 11, 982 31 Gällivare,
www.allemansgallivare.se

SPiS

Wirkt von außen unscheinbar, doch unter dem Dach dieses Hostels ist ein schickes Restaurant untergebracht, in dem man sehr stil- und genussvoll essen kann. Neben internationalen Klassikern werden schwedische Spezialitäten serviert. Empfehlenswert: die virtuos angerichteten Drei-Gänge-Menüs.
Bergmästaregatan 7, 981 33 Kiruna,
www.spiskiruna.se

Viddernas Hus

Handgepflückte Wildkräuter und alles, was die Region an frischen Produkten hergibt, kommt hier in den Kochtopf – mitsamt samischer Küchenexpertise. Zum Kaffee genießt man hausgemachten Kuchen. Leider kein Abendessen!
Föreningsgatan 2B, 962 32 Jokkmokk,
www.viddernashus.se, Sa, So Ruhetag

Violette und rosarote Strandnelken säumen die Küsten der Scilly-Inseln von Frühling bis in den Herbst hinein. Das Archipel ist ein Naturparadies und gilt selbst in UK noch als Geheimtipp.

21 Scilly Dreams

Cornwall, Großbritannien

»Und, wo geht's hin im Urlaub?«, hakt Lisa beim gemeinsamen Abendessen nach. »Scilly-Inseln«, antworten Sabine und Bernd wie aus einem Mund. »Oh, Sizilien, schön!« Bernd verdreht die Augen, Sabine klärt auf: Die Scilly Islands vor der Südspitze Großbritanniens kennt hierzulande wirklich niemand. Das kleine Archipel, das sich am Rande des Ärmelkanals vor den Wirren der Welt versteckt, gehört zur Grafschaft Cornwall und umfasst 140 Inseln und winzigste Inselchen. Nur fünf davon sind bewohnt – St. Mary's, Tresco, St. Martin's, St. Agnes und Bryher. Wem Sylt zu schick, Rügen zu provinziell, Bornholm zu rau und die Karibik zu heiß und teuer ist, wird sich hier pudelwohl fühlen. Zwar hat jede der Scillies ihren ganz eigenen Charakter, alle fünf Inselschwestern teilen jedoch eine große Leidenschaft, nämlich von Frühling bis Herbst verträumt in der Sonne zu dösen. Möglich macht das vor allem der warme Golfstrom, der die Gegend mit für englische Verhältnisse sehr milden Temperaturen und viel Blau am Himmel verwöhnt. Zwar erreicht die Wassertemperatur selbst in den windgeschützten Buchten nie mehr als 18 °C, aber die feinsandigen Strände von Tresco und St. Martin's, die vor türkisfarbenem Wasser wie frisch gewaschene Bettlaken leuchten, versprühen tatsächlich subtropisches Flair. Rundherum blühen schon ab März Narzissen und Rhododendren, und sogar Pinien und Palmen fühlen sich wie zu Hause. Wer nicht am Strand faulenzen möchte, findet hinter den Dünen oder über den schroffen Küsten herrliche Wander- und Fahrradwege. Das alles kann man selbst im Sommer in Seelenruhe genießen, denn Trubel herrscht eigentlich nur auf St. Mary's, dem Verkehrsknotenpunkt der Inselgruppe. Bernd und Sabine waren jedenfalls begeistert – und Lisa will beim nächsten Mal auch mit. Hmmm. Bernd weiß nicht so recht, ob das eine gute Idee ist.

www.visitislesofscilly.com

Karma St. Martin's
Das elegante Resort liegt direkt am weißen Sandstrand von St. Martin's und verbindet moderne, stilvolle Hotellerie mit einer Prise südenglischer Nostalgie. Großes Spa-Angebot. Reizvoll für die Flitterwochen: die Honeymoonsuite mit Traumblick auf Meer und Leuchtturm.
Lower Town, St. Martin's, TR25 0QW Isles of Scilly, www.karmastmartins.com

Hell Bay Hotel
Abgeschiedenheit, Ruhe und viel maritimes Flair gehören zum Standardrepertoire des Drei-Sterne-Hauses auf der winzigen Insel Bryher. Hinzubuchen sollte man den Balkon mit Atlantikblick.
Bryher, TR23 0PR Isles of Scilly, www.hellbay.co.uk

The Beach BBQ
Hier landen nicht nur Fisch und Fleisch, sondern auch viele Gemüsearten auf dem Grill. Und im Shaker des Barmanns verschmelzen Gin und Ananassaft zu köstlichen »Ginacoladas«, die draußen in der Abendsonne am besten schmecken.
Porthmellon Beach, Hugh Town, St. Mary's, TR21 0JY Isles of Scilly, www.scillybeach.com

New Yard Restaurant
Hervorragende, vielseitige Küche auf der Lizard Peninsula. Hier speist man zwischen den alten Mauern eines südenglischen Landguts.
Trelowarren Estate, Helston / Lizard, TR12 6AF Cornwall, www.newyard restaurant.co.uk, Mo Ruhetag

1 Hauptinsel St. Mary's

Hier kommen alle an – egal, ob mit der Fähre oder an Bord einer kleinen Turbopropmaschine. Auch wenn sich Hugh Town auf St. Mary's stolz als »Kapitale des Archipels« bezeichnet, gleicht die Stadt doch eher einem typisch kornischen Dorf. Knapp 1100 Menschen leben hier – die meisten Familien schon seit Generationen. Ihre Geschichte, die eng mit der Fischerei und Seefahrt verknüpft ist, erzählt das Isles of Scilly Museum (www.iosmuseum.org) in der Church Street. Blickfang am westlichen Ortsrand ist Star Castle, eine Festungsanlage mit sternförmigem Grundriss, die im 16. Jh. zum Schutz vor spanischen Invasoren erbaut wurde. Hierher und in alle anderen Ecken des Eilands gelangt man zu Fuß oder mit dem Fahrrad. Da die Insel nur etwa 4 km lang und 3 km breit ist, kann sie mühelos in einer Tagestour umrundet werden. Unterwegs strömt einem nicht nur immer wieder der Duft von Salz und Seetang, sondern auch von Narzissen in die Nase. Bis heute spielt Blumenwirtschaft auch auf St. Mary's eine wichtige Rolle.

Fähre ab Penzance nach St. Mary's (Überfahrt 2–3 Std.), Anreise auch mit dem Kleinflugzeug möglich, www.islesofscilly-travel.co.uk

2 Tropisches Flair auf Tresco

Die zweitgrößte der Scilly-Inseln ist touristisch am besten erschlossen – wobei sämtliche Unterkünfte, Restaurants und Wellnessangebote privat geführt und aus einer Hand vermarktet werden. Trescos Hauptattraktion ist Abbey Garden, ein subtropisches Paradies, das zwischen den Ruinen einer alten Benediktinerabtei errichtet wurde. Über 20000 Pflanzenarten aus aller Welt kann man hier bestaunen und beschnuppern. Im milden Klima der Scillies gedeihen sie prächtig. Ganz ohne Gärtner kommt die karge Natur im Norden der Insel aus: Landschaftlich ist es hier besonders reizvoll, und von den hohen Mauern mehrerer Burgruinen erscheinen die Nachbarinseln zum Greifen nah. Von den Stränden an der Westküste kann man übrigens bei Ebbe in knapp einer halben Stunde zu Fuß durchs Watt nach Bryher wandern. Gezeiten beachten!

Bootsverbindung ab St. Mary's, www.islesofscilly-travel.co.uk

3 Naturparadies St. Martin's

Weiße, samtweiche Sandstrände säumen die Küstenlinie von St. Martin's. Auf den Dünen rundherum tanzt der Strandhafer fröhlich im Wind. Trotz oder gerade wegen ihrer überschaubaren Größe zählt die Insel zu den malerischsten und vielseitigsten des Archipels. Endlose Wander-

Beste Reisezeit
Nirgendwo in Großbritannien ist das Klima so mild wie auf den Scilly-Inseln. Schön ist es hier daher auch im Herbst und Winter. Ab März blüht die Landschaft auf. Im September und Oktober sind die Strände plötzlich leer gefegt, aber es ist oft noch warm und sonnig.

Bilderbuchidylle in Cadgwith, einem kleinen Fischerdorf an der Ostküste der Lizard Peninsula.

wege schlängeln sich am Hochufer entlang durch die urwüchsige Heide. Landeinwärts züchten Bauern Blumen und kultivieren sogar Wein, der hier auch gekeltert und zur Verkostung angeboten wird. Wer möchte, schlüpft in Higher Town in einen Neoprenanzug und schnorchelt mit den Robben (www.scillysealsnorkelling.com). Die Tiere sind so anhänglich, dass sie glatt noch auf einen Pint ins gemütliche Seven Stones Pub in Lower Town mitkommen würden. Der Wirt sieht das aber nicht so gerne.

Bootsverbindung ab St. Mary's und Tresco, www.islesofscilly-travel.co.uk

4 Lizard Peninsula

Natur pur, dazu verträumte Buchten und kleine Dörfchen bietet die Halbinsel Lizard, deren Spitze den südlichsten Punkt Großbritanniens markiert. Vom Leuchtturm am Lizard Point genießt man einen atemberaubenden Panoramablick über die zerklüftete Küste. Weiter östlich lockt das Fischernest Cadgwith mit bunten Booten und südenglischer Postkartenidylle. Ein dichtes Wegenetz säumt fast die gesamte Küste der Halbinsel und zieht sich auch ins Landesinnere. Hier bei kristallklarem Himmel und einer steifen Brise von Dorf zu Dorf zu schlendern, vorbei an Klippen, Blumenteppichen und saftig grünen Wiesen, ist ein ganz besonderes Erlebnis.

www.visitcornwall.com

5 Künstlerstadt St. Ives

Schon im 19. Jh. zog es Maler in den Fischerort St. Ives an der Westküste Cornwalls. Sie waren betört vom besonderen Licht und der Fülle an Motiven rund um die von Wind und Wellen gepeitschte Landschaft. In die Fußstapfen William Turners traten weitere Romantiker mit Pinsel und Staffelei im Gepäck – und um 1900 blühte der Ort als lebendige Künstlerkolonie auf. Heute lockt St. Ives auch viele Badegäste an, doch die schönen Künste haben immer noch einen hohen Stellenwert und die hiesige Tate Gallery (www.tate.org.uk) genießt internationales Renommee.

Touristinformation St. Ives, Guildhall, Street-An-Pol, TR26 2DS St. Ives, www.stives-cornwall.co.uk

Nur wir zwei

Man muss kein Fan von Rosamunde Pilcher sein, um sich in den **Ferienhäuschen der Duchy of Cornwall** wie im siebten Himmel zu fühlen. Das Herzogtum verwaltet gut 20 Cottages auf den Scilly Islands, in Cornwall und Wales und vermietet sie an Urlauber, vier davon liegen auf St. Mary's. Perfekt für romantische Zweisamkeit ist das Gatehouse Cottage aus dem 17. Jh.: Das Steinhäuschen liegt zu Füßen der Festung in Hugh Town. Wohn- und Schlafzimmer sind mit Dielenböden und einem Kaminofen ausgestattet; vom kleinen Garten mit Privatterrasse blickt man aufs Meer und übers Hafenbecken. Wer sich lieber auf dem Festland einquartiert, sollte sich das bezaubernde Harris Cottage in Newquay ansehen. **www.duchyofcornwallholiday cottages.co.uk**

22 Fjordhopping

Nordland, Norwegen

Je näher hier am Wasser gebaut wurde, desto schöner ist Norwegen. Das gilt vor allem für die Lofoten hoch oben in der Region Nordland. Selbst wer die Gegend kennt und regelmäßig besucht, bekommt beim Anblick der Hafendörfer Henningsvær, Reine und ihrer über die Inselkette verstreuten Nachbarn manchmal noch feuchte Augen. Scharfkantige, von Meeresarmen umschlungene Bergketten, an die sich kleine Fischerhütten aus Holz schmiegen, prägen das Landschaftsbild. Zum Sinnbild norwegischer Romantik wurde dieser Anstrich erst, als sich immer mehr Touristen hierher verirrten. Heute werden die »rorbuer«, wie die Katen in der Landessprache heißen, auch kaum noch von Fischern genutzt, sondern großteils an Feriengäste vermietet – zum Teil inklusive Motorboot. Denn Fjordhopping gehört einfach dazu, wenn man hier viel sehen und erleben möchte. Eine ganz besondere Holzhaussiedlung, die nicht in die Vergangenheit, sondern mit riesigen Fensterfronten Richtung Zukunft blickt, findet man im Schärengarten vor Nordskot am Ostufer des Vestfjords: Das Resort »Manshauen Island« zählt zu den ungewöhnlichsten Glampingspots der ganzen Region und wurde mit Architekturpreisen regelrecht überhäuft. Gäste der Anlage übernachten in futuristischen, aus Massivholz und viel Glas gefertigten Holzhütten direkt am Meer. Dank der Panoramafenster kann man die dramatische Fjordlandschaft hautnah erleben, und das sogar vom Bett aus. Damit auch der Weg hierher zum Ziel wird, sollte man den Aufenthalt mit einer längeren Norwegentour verbinden. Ein kleines Abenteuer ist die Anreise mit der Nordlandbahn, ein unvergessliches Naturerlebnis die Anfahrt über die Küstenstraße Fv17.

www.manshausen.no/en
www.visitnorway.de

Ein Fernseher braucht auf Manshausen Island niemand: Durch die Panoramafenster der futuristischen Holzhütten kann man das Polarlicht im Winter sogar vom Bett aus beobachten.

Scandic Bakklandet
Modernes und sehr komfortables Designhotel in Trondheim. Ideal für alle, die von hier via Steinkjer auf der Küstenstraße 17 nach Norden aufbrechen wollen. Sehr gutes Frühstück. Die Altstadt ist gut zu Fuß erreichbar.
Nedre Bakklandet 60,
7014 Trondheim,
www.scandichotels.com

Børsen Spiseri
Stimmungsvolles Restaurant, das seinen Gästen im ältesten Hafengebäude der Lofoteninsel Svinøya unter tiefen Holzdecken norwegische und arktische Spezialitäten serviert. Unbedingt den Stockfisch probieren!
Gunnar Bergs Vei 2, 8300 Svolvær,
www.svinoya.no

Bryggerikaia
Mittags eine gute Wahl für Kaffee, Kuchen oder Snacks auf der Terrasse mit Hafenblick, abends perfekt, wenn man in Bodø nach einem Ort für ein Candle-Light-Dinner sucht.
Sjøgata 1, 8006 Bodø,
www.bryggerikaia.no

Restaurant NYT
Egal, ob Heilbutt, Eismeergarnelen, Ochsenfleisch oder Kräuter und Beeren aus den Bergen: Im NYT kommt nur ganz Frisches aus der Region in den Kochtopf – und wird dann zu exquisiten Menüs verarbeitet, die Gaumen und Augen gleichermaßen begeistern.
Dronningens Gate 26, 8006 Bodø,
www.restaurant-nyt.no, So, Mo Ruhetag

1 Auf der Fv 17 nach Norden

Zwei Wege führen ins Glück jenseits des Polarkreises: Entweder man düst über die Europastraße E6 via Mosjøen und Mo i Rana nach Bodø. Oder man wählt den Fylkesvei 17. Die rund 650 km lange Panoramastraße schlängelt sich ab Steinkjer an der Atlantikküste entlang nordwärts. Auf dem Weg Richtung Lofoten müssen etliche Fjorde per Fähre durchquert werden. Man kommt also nur langsam voran, ist dafür aber immer auf Tuchfühlung mit Meer und Natur. Zu den Highlights links und rechts der Route zählen der berühmte »durchlöcherte« Berg Torghatten im südlichen Helgeland, die Gipfelkette der Sieben Schwestern oder die kecken Papageientaucher, die jedes Jahr Mitte April auf der Insel Lovund einfliegen. Für die gesamte Strecke sollte man rund eine Woche einplanen und vom Auto hin und wieder aufs Boot oder sogar auf eines der Hurtigrutenschiffe (www.hurtigruten.com) umsteigen. In der Touristinformation in Steinkjer ist eine Gratisbroschüre zum Fv 17 erhältlich, die jedes Jahr neu aufgelegt wird. Darin sind neben allen landschaftlichen Höhepunkten auch Hotels, Campingplätze und Fährverbindungen aufgelistet.

Touristinformation Steinkjer,
Sjøfartsgata 2A, 7714 Steinkjer,
www.visitinnherred.com

2 Bodø

Nach den Zerstörungen des Zweiten Weltkriegs hat Bodø an Charme verloren. Das Zentrum wirkt weitläufig und nur an wenigen Gebäuden, etwa am Rathaus oder der Domkirche, bleibt das Auge hängen. Mit ihrem Flughafen und der Fährverbindung zu den Lofoten ist die Stadt heute vor allem ein wichtiger Verkehrsknotenpunkt. Sehenswert sind jedoch das Nordlandmuseum am Hafen (www.nordlandsmuseet.no), das die Geschichte der Region erzählt, sowie das Freilichtmuseum Kjerringøy Handelssted (www.kjerringoyhandelssted.no), gut 45 km nördlich des Zentrums. Es zeigt das original erhaltene Gebäudeensemble einer Handelsstation aus dem 18. Jh.

Touristinformation Bodø,
Tollbugata 13, 8006 Bodø,
www.visitbodo.com

3 Svartisen-Gletscher

Der zweitgrößte Gletscher Norwegens liegt im Saltfjellet-Svartisen-Nationalpark und zählt zu den wichtigsten Attraktionen zwischen Mo i Rana und Bodø. Einige der gewaltigen Gletscherarme reichen im Westen immer noch bis an die Küste. Den Nationalpark kann man gut über die Europastraße E6 ab Mo i Rana erreichen.

Beste Reisezeit
Der Sommer dauert im hohen Norden von Juni bis August. In anderen Monaten ist das Wetter oft dramatisch. Polarlichter kann man zwischen September und April beobachten. Märchenhaft, wenn es über die eisige Märchenlandschaft flackert!

Diese Landschaft erkennt man auf den ersten Blick: »Rorbuer«, die traditionellen Fischerhäuschen, sind malerische Markenzeichen der Lofoten vor der Küste Nordnorwegens.

Leichte Wanderungen führen von hier ins ewige Eis. Besonders eindrucksvoll ist es jedoch, sich dem Gletscher von der Küstenstraße Fv 17 über den Holandsfjord zu nähern. Die Bootsfahrt bietet ein einzigartiges Landschaftserlebnis!

Ausgangspunkt: Rastplatz Holand am Fv17; von hier mit der Fähre zur Gletscherseite des Holandsfjords, www.engenbreenskyss.no

4 Lofoten

Tausend Meter und mehr ragen die Felswände der Lofoten über dem Nordatlantik auf. Viele Gipfelkämme wirken dabei so schroff und zackig wie ein Scherenschnitt. Gemeinsam mit dem Meer, den weißen Sandstränden und roten Fischerhütten (»Rorbu«) zu ihren Füßen verschmelzen sie zu einem Landschaftsensemble, das man so nur hier erleben kann. Die rund 150 km lange Inselkette besteht aus über 80 zersplitterten Eilanden und wird durch den Vestfjord vom Festland getrennt. Größter Ort des Archipels ist Svolvær. Hier gibt es sogar einen kleinen Flughafen (SVJ), die Stadt wird jedoch ab Bodø und Narvik auch von Schnellbooten angesteuert. Mit dem Mietwagen erkundet man von hier über die Europastraße E10 die Region in südwestlicher Richtung. Bis ins romantische Fischerdorf Reine, das immer wieder Postkarten und Kalender ziert, fährt man gute zwei Stunden.

Touristinformation Lofoten / Vågan, Håkon Kyllingmarksgate 6, 8301 Svolvær, www.lofoten.info

5 Narvik

Narvik verdankt seine wirtschaftliche Blüte dem eisfreien Ofotfjord. Von hier werden jährlich über 20 Mio. Tonnen Eisenerz, das aus Schweden in Güterzügen anrollt, in die ganze Welt verschifft. Wegen seiner strategischen Bedeutung war die Stadt während des Zweiten Weltkriegs heftig umkämpft. Im Kriegsmuseum (www.warmuseum.no) kann man in dieses dunkle Kapitel der Geschichte blicken. Zurück in die Leichtigkeit des Seins katapultiert einen dann die Seilbahn auf den Fagernesfjellet (656 m). Vom Gipfel genießt man einen sensationellen Blick über die Stadt – vor allem, wenn die Mitternachtssonne scheint.

Touristinformation Narvik, Kongens Gate 39, 8505 Narvik, www.visitnarvik.com

Nur wir zwei

Die **Nordlandbahn** zwischen Trondheim und Bodø gilt als eine der schönsten Bahnstrecken der Welt. Rund zehn Stunden benötigt der Zug für die etwa 730 km lange Strecke, bei der man das majestätische Saltfjellet-Gebirge durch- und den Polarkreis überquert. Wer nachts und zur richtigen Jahreszeit bucht, kann aus dem Waggon die Polarlichter beobachten oder rattert durchs märchenhafte Licht der Mitternachtssonne. Besonders kuschelig ist die Fahrt im Schlafwagenabteil, das man aber frühzeitig reservieren sollte.
www.nsb.no/en, www.visitnorway.de

Vier Restaurants, ein breites Wellnessangebot, WLAN und sogar eine Tiefgarage: Dass man all den Luxus im Almdorf Seinerzeit nicht sieht, ist Teil des Konzepts – würde er doch nur von der herrlichen Natur und dem Blick auf die Kärntener Bergwelt ablenken.

23 Zeitreise auf die Alm

Kärnten, Österreich

Was unterscheidet die süße Illusion von der dreisten Täuschung? Nun, während man Täuschungen in der Regel mit einer gesunden Portion Skepsis entlarven kann, gibt man sich der süßen Illusion einfach hin – und genießt. Nichts, oder sagen wir fairerweise fast nichts am Almdorf Seinerzeit ist traditionell gewachsen. Das Resort wurde Mitte der 1990er-Jahre auf einer Anhöhe in den Kärntner Nockbergen errichtet und jüngst sogar noch einmal um einen neuen »Ortsteil« erweitert. Doch mit welcher Leidenschaft und Detailverliebtheit man den Gästen hier vorgaukelt, sie seien mit der Zeitmaschine in einem abgeschiedenen Bergdorf des 19. Jahrhunderts gelandet, ist bemerkenswert. Schmale Pfade winden sich durch ein beschauliches Labyrinth aus tief hängenden Walm- und Satteldächern, die mit sonnengegerbten Schindeln bedeckt sind. Geranien und Kapuzinerkresse ranken rund um die Sprossenfenster der Chalets, unter denen sich Scheite bis zum Fenstersims stapeln. Auf einem der Holzhaufen hat es sich eine Katze in der Morgensonne bequem gemacht. Weiter südlich führt ein Weg zum von Wasserlilien gesäumten Dorfteich, über dem die Libellen tanzen. Schon viele Paare haben sich an seinem pittoresken Ufer das Jawort gegeben. Knapp ein Drittel der mittlerweile rund 60 Hütten des Resorts sind für zwei Personen ausgelegt und daher besonders gemütlich. Geschlafen wird unter duftenden Zirbendecken im Dachgeschoss. In der Küche knistert das Feuer im Herd wie zu Großmutters Zeiten und in der Bauernstube sorgt ein altmodischer Kachelofen im Herbst und Winter für behagliche Wärme. Lust auf ein entspanntes Schaumbad? Im Chalet und auf der Außenterrasse der Panoramasauna dampft in den frei stehenden Zubern schon das heiße Quellwasser. Besonders begehrt und daher leider oft Monate im Voraus ausgebucht ist übrigens die Hochzeiterhütte des Resorts, die über gleich zwei romantische Schlafplätze verfügt. Einer davon befindet sich im angeschlossenen Baumhaus, das man über eine Zugbrücke erreicht. Im Sommer lassen sich die Panoramafenster der Dependance weit öffnen und man kann grandiosen Talblick vom Bett aus genießen. Alles nur Illusion? Wenn kümmert das schon.

www.almdorf.com
www.kaernten.at

1 Biosphärenpark Nockberge

Nein, die kann man nicht essen – ein Augenschmaus sind sie dennoch: Als Nocken werden die sanft gewellten und häufig mit Gras und Zirbelkiefern bewachsenen Gipfel bezeichnet, die für die Bergwelt der Region so typisch sind. Während sich die Nockberge als Ganzes bis Salzburg und in die Steiermark erstrecken, dehnt sich der gleichnamige Biosphärenpark als Teil der Gurktaler Alpen nur in Oberkärnten aus. Mit dem nördlichen Nachbarn im Salzburger Lungau pflegt man aber eine enge Partnerschaft – und vorzüglich wandern und die Natur genießen kann man dies- und jenseits der Landesgrenzen. Der seltene Auerhahn ist Symboltier der Gegend, doch auch Murmeltiere pfeifen am Wegesrand. Wer die Nockberge lieber mit dem Auto oder Motorrad erkunden will: Die aussichtsreiche 35 km lange Nockalmstraße (www.nockalmstrasse.at) ist ein echtes Highlight; sie schlängelt sich zwischen Innerkrems und Ebene Reichenau von Aussichtspunkt zu Aussichtspunkt.

Ebene Reichenau 117,
9565 Ebene Reichenau,
www.biosphaerenparknockberge.com

Nur wir zwei

Frei nach dem Motto »Der Weg ist das Ziel« bietet sich die Anreise nach Kärnten über die **Großglockner-Hochalpenstraße** an. Sie startet bei Bruck südlich des Zeller Sees im Salzburger Land und führt – quer durch die Gipfelwelt der Hohen Tauern – über den Alpenhauptkamm nach Heiligenblut im Mölltal. Von der rund 50 km langen Hauptroute winden sich immer wieder Stichstraßen hinauf zu fantastischen Aussichtspunkten, etwa zur himmelhohen Edelweißspitze (2572 m) oder zur berühmten Kaiser-Franz-Josefs-Höhe (2369 m). Tolles Licht begleitet die Fahrt in den frühen Morgenstunden oder am Abend. Zwischen Mai und November ist die Mautstraße von 6–20 Uhr geöffnet. Die letzte Einfahrt ist eine Stunde vor der Abendsperre möglich.
www.grossglockner.at

2 Skulpturenpark Albeck

Auf den sattgrünen Wiesen rund um Schloss Albeck bei Sirnitz im Gurktal sind über 90 Holzskulpturen internationaler Bildhauer zu bestaunen. Das weitläufige Kunstareal zählt zu den größten seiner Art in Österreich. Viele der knorrigen Exponate erinnern an Totempfähle und strahlen eine eigentümliche, spirituelle Ruhe aus. Es macht jedenfalls großen Spaß, im Zickzackkurs durch die Freiluftgalerie zu spazieren und die ins Holz geschlagenen, oft mystischen Gesichter, Gliedmaßen und Ornamente aus nächster Nähe zu betrachten und zu deuten. Noch mehr Kunst, meist gerahmt und gehängt, gibt es in den Ausstellungsräumen des Schlosses. Hier werden regelmäßig Klassikkonzerte, Theateraufführungen und weiteres Kulturprogramm veranstaltet.

Schlossweg 5, 9571 Sirnitz,
www.schloss-albeck.at

3 Seenparadies Kärnten

Packt die Badehose ein! Kristallklare Seen, gesäumt von malerischen Gipfelketten und blumengeschmückten Promenaden, sind gewissermaßen das Markenzeichen Kärntens. Keine Frage, hier springt man rein, gleitet mit dem Ruderboot durch die Wellen, oder wandert am Ufer entlang, um an einer romantischen Bucht die Picknickdecke auszubreiten. Vom Almdorf erreicht man den Milstätter See in knapp einer halben Stunde mit dem Auto. Besonders schön ist es hier am weniger verbauten Südufer sowie an den Strandbädern bei Döbriach. Rund um den See verläuft außerdem ein 30 km langer Radweg. Weiter östlich locken die vielen Badeplätze des Ossiacher Sees und südlich von Villach der malerische Faaker See mit türkisblauem Wasser. Mit mondänem Flair punktet der noch weiter östlich gelegene Wörthersee. An der »österreichischen Riviera« genießt man den Sonnenuntergang standesgemäß mit Champagner oder Cocktail in einer der schicken Beach Bars.

www.kaernten.at/aktivitaeten/sommer/seen-erlebnis

Beste Reisezeit

Schönste schneefreie Reisezeit ist von Mitte Mai bis Mitte Oktober. Perfektes Wanderwetter herrscht im Herbst und Frühjahr, zum Baden laden die Seen im Sommer ein. Im Winter kann man sich im Almdorf einmummeln oder sich in den umliegenden Skigebieten austoben.

Der Faaker See bei Villach ist Privateigentum – baden und entspannen kann man hier trotzdem.

4 Villach

Am Villacher Hauptplatz mit seinen farbenfrohen Bürgerhäusern und der markanten Dreifaltigkeitssäule pulsiert das Leben. Italien ist nah, auch Slowenien liegt um die Ecke. Und so genießt man in der zweitgrößten Stadt Kärntens ein weltoffenes, mediterranes Flair. In den Cafés in engen Gassen werden Cappuccino und Eisbecher serviert, auf den Terrassen der Restaurants und Imbisslokale Spezialitäten aus aller Herren Länder. Und das Nachtleben? Stellt sogar das der Landeshauptstadt Klagenfurt in den Schatten. Mitten durch Villach windet sich die Drau, die man mit dem Ausflugsboot, rund um die Altstadt aber auch auf malerischen Uferwegen zu Fuß erkunden kann. Wer lieber Höhenluft schnuppern möchte: Zum Wandern lädt der Villacher Hausberg Dobratsch (2160 m) ein. Vom Gipfelhaus erreicht man die Deutsche Kapelle, ein pittoreskes Kleinod. Rund um das Kirchlein mit seinem zierlichen Schindeltürmchen öffnet sich ein wunderbarer Panoramablick übers Gailtal. Zurück in der Stadt kann man in der futuristischen Kärntentherme (www.kaerntentherme.com) die verkrampften Wadenmuskeln wieder flottmachen.

Touristinformation Villach,
Bahnhofstraße 3, 9500 Villach,
www.region-villach.at

Chalethotel Senger

Der perfekte Unterschlupf für alle, die über die Großglockner-Hochalpenstraße anreisen und in Heiligenblut Station machen wollen. Malerisch über dem Ort am Waldrand gelegen. Besonders schön: das Romantik-Zimmer mit Himmelbett und phänomenalem Alpenblick.

Hof 23, 9844 Heiligenblut,
www.romantic.at

Strandgasthof Seewirt

Traditionsgasthof mit lauschigem Biergarten direkt am Ossiacher See. Zur Mittagszeit speist man unter Schatten spendenden Kastanien; am Abend rückt man näher ans Wasser und genießt den glühenden Sonnenuntergang.

Ossiach 2, 9570 Ossiach,
www.seewirt-ossiach.at

Café Moser

Die charmant-altmodische Konditorei im Zentrum von Spittal punktet mit großer Kuchenauswahl und leckerem Frühstücksangebot. Begehrt sind die Logenplätze auf dem Balkon an der Straßenseite – ruhig und schattig ist der Garten hinterm Haus.

Jahnstraße 7 , 9800 Spittal a. d. Drau,
www.cafe-moser.at

Freindal Wirtschaft

Exzellente und immer frisch zubereitete Alpenküche, die in den kleinen, neotraditionell eingerichteten Gasträumen des Lokals doppelt so gut schmeckt. Wer hier auf ein Dessert verzichtet, ist selbst schuld.

Sankt-Johanner-Str. 56, 9500 Villach,
www.freindal-wirtschaft.at,
So/Mo Ruhetag

24 Oh, Romeo!

Verona, Italien

Verona ist unkompliziert – und deshalb so liebenswert. Man kann die Stadt an einem Wochenende besuchen und beseelt von den vielen Eindrücken wieder abreisen. Oder eine ganze Woche buchen, dabei auch im Umland auf Entdeckungsreise gehen und sich keinen einzigen Tag langweilen. Nach Vicenza, Padua und Venedig ist es nicht weit, auch der Gardasee liegt um die Ecke, und zwischen Etsch und Monte Baldo laden sanfte Hügel und anspruchsvolle Gipfel sogar zum Wandern ein. Die meisten Besucher bleiben freilich vor Ort und tummeln sich in und um den historischen Stadtkern, der so gut erhalten ist, dass ihn die Unesco zum Welterbe erklärt hat. Verona wurde im 1. Jahrhundert v. Chr. von den Römern gegründet, erlebte seine erste große Blütezeit aber im 13. und 14. Jahrhundert unter den Stadtherren der Scaliger. Gleich zwei Abkömmlinge der umtriebigen Familie della Scala haben sich als »Große Hunde« (Cangrande I. und II.) ins historische Gedächtnis der Region gebrannt – und bei diesen Kriegsnamen kann man sich gut vorstellen, dass sie mit ihren Widersachern nicht zimperlich umgingen. Immerhin hinterließen sie der Nachwelt das trutzige Castelvecchio, heute eine beliebte Attraktion mit Kunstmuseum. Nach dem Niedergang der Scaliger fiel die Stadt im 15. Jahrhundert an Venedig, wurde im 18. Jahrhundert Teil des Habsburger Reichs und schloss sich schließlich Mitte des 19. Jahrhunderts dem Königreich Italien an. Spuren aus all diesen Epochen findet man rund um Piazza delle Erbe, Piazza Bra und Piazza dei Signori auf engstem Raum. Neben den Prachtbauten aus der Renaissancezeit lockt vor allem die eindrucksvolle römische Arena jedes Jahr Klassik- und Opernfreunde ins Veneto. Doch auch der Zauber des Liebespaars Romeo und Julia liegt noch immer wie ein rosaroter, unsichtbarer Schleier über der ganzen Stadt. Die Handlung des weltberühmten Dramas von William Shakespeare umfasst übrigens genau fünf Tage – der perfekte Zeitraum für einen gemeinsamen Städtetrip nach Verona. Aber bitte mit Happy End!

www.tourism.verona.it/de

Abendliches Stelldichein an der Ponte Pietra: Die römische Bogenbrücke ist eines der vielen historischen Schmuckstücke Veronas.

1 Arena di Verona

Die Piazza Bra im Herzen der Altstadt ist nicht nur der weitläufigste Platz Veronas, sondern zählt mit einer Fläche von rund sechs Fußballfeldern zu den größten in ganz Italien. Das behauptet man hier zumindest voller Stolz, rechnet dabei allerdings häufig die riesige Arena mit ein, deren antike Fassade an der Ostseite der Piazza aufragt. Als das römische Amphitheater im frühen 1. Jh. unter Kaiser Tiberius erbaut wurde, lag es – wie heute so mancher Sportpalast – noch außerhalb der Stadtgrenzen. Und, nun ja, sportlich ging es damals auch zu Füßen der Zuschauerränge zu: Gladiatoren, Schurken, wilde Tiere und arme, unschuldige Teufel kämpften dort vor johlenden Menschenmassen um ihr Leben. Seit Anfang des 20. Jh. wird die Arena regelmäßig als Freilichtbühne für Konzerte genutzt und ist in den Sommermonaten Schauplatz der berühmten Opernfestspiele. Seinen Zauber entfaltet das monumentale Bauwerk aber auch ganz ohne Pauken und Trompeten: Nachts sind die Arkadenbögen glanzvoll beleuchtet, rundherum vermischt sich das Lachen aus den Cafés mit den Akkorden der Straßenmusik, die von irgendwoher übers Kopfsteinpflaster wehen. Kein Wunder, dass sich hier zu später Stunde noch so manches Paar in die Arme fällt.

Piazza Bra 1, 37121 Verona, www.arena.it

Nur wir zwei

Es lohnt sich, auch rund um Verona die Fühler auszustrecken. Der Gardasee liegt vor den Toren der Stadt – aber auch viele sehenswerte Dörfer und Gemeinden. Eine Perle ist das kleine **Borghetto**, ein Vorort von Valeggio, rund 30 km südwestlich von Verona. Dicht an dicht schmiegen sich hier die Häuser ans malerische Ufer des Mincios über den sich die trutzige Ponte Visconteo spannt. Das kleine, aus Peschiera kommende Flüsschen rauscht hier mit so viel Tatendrang durch den Ort, dass es bis heute die Räder uralter **Wassermühlen** antreibt. Einige von ihnen wurden zu stylishen Appartments umgebaut. Aus den Zimmerfenstern blickt man direkt aufs Wasser!
Vacanze nei Mulini,
Via Raffaello Sanzio 14a,
37067 Valeggio sul Mincio,
www.borghetto.it

2 Piazza delle Erbe

Schon Gartenfreund Goethe staunte auf seiner Italienreise über die vielen Obstsorten, die die Marktleute an der Piazza delle Erbe in allen Formen und Farben auftürmten. Bis heute werden hier unter weißen Schirmen Früchte, Gemüse, Kräuter (»erbe«) und Blumen, aber mittlerweile auch Handtaschen, Sonnenhüte und grelle Souvenirs verkauft. Ein belebter Treffpunkt war der Platz eigentlich schon immer. Bereits die Römer nutzen den Ort als Forum. Jahrhunderte später stiegen hier die Stadtoberen aufs Capitello, um wichtige politische Nachrichten unters Volk zu bringen. Das kleine, mit Baldachin überdachte Podest steht noch heute, geht im Getümmel des Marktes allerdings regelrecht unter. Nicht zu übersehen ist hingegen die Marmorsäule mit dem Markuslöwen, die an die venezianische Herrschaft ab dem 15. Jh. erinnert. Links davon erhebt sich der markante mittelalterliche Torre del Gardello. Rechterhand können an den Fassaden der Casa dei Mazzanti wundervoll restaurierte Fresken aus dem 16. Jh. bewundert werden.

Piazza delle Erbe, 37121 Verona

3 Castel San Pietro

Die Ponte Pietra, eine pittoreske Bogenbrücke aus römischer Zeit, verbindet die Altstadt mit den Ufern östlich der Etsch. Von hier führen steile Treppen hinauf zum Castel San Pietro, das erst im 19. Jh. seine jetzige Gestalt erhielt. Von den Terrassen vorm Schloss öffnet sich ein großartiger Blick über die Stadt, der in den Abendstunden kurz vor Sonnenuntergang natürlich doppelt so schön ist.

Piazzale Castel San Pietro, 37129 Verona, am Nordostufer der Etsch, via Ponte Pietra

Beste Reisezeit

Zwischen Juni und September kann es in Verona ganz schön heiß werden. Gleichzeitig locken die Opernfestspiele unzählige Musikliebhaber an – die Stadt ist daher doppelt überlaufen. Wer mehr Ruhe sucht, kommt im April, Mai oder erst wieder ab Mitte September.

Julias berühmter Balkon im Hof der Casa di Giulietta: nicht echt, aber trotzdem wunderschön!

4 Casa di Giulietta

Zartbesaitete Leser müssen jetzt tapfer sein: Julia Capulet mitsamt ihrem Balkon, der wohl bekanntesten Balustrade der Literaturgeschichte, hat es nie gegeben. Und auch ihr Liebhaber Romeo Montague ist der Fantasie William Shakespeares entsprungen. Die Casa di Giulietta ist dennoch ein besonderer Ort. Vor allem abends, wenn es hier ruhiger wird. Der aus der Tragödie bekannte Balkon, zu dem man vom Innenhof tatsächlich hinaufblicken kann, wurde in den 1930er-Jahren an die Fassade montiert, Giuletta selbst im Innenhof als Bronzestatue verewigt. Anfassen erlaubt, denn das soll Glück bringen!

Via Cappello 23, 37121 Verona,
casadigiulietta.comune.verona.it

5 Basilika San Zeno

Unter schattigen Arkaden Kraft und Ruhe tanken kann man im Kreuzgang der Basilika San Zeno Maggiore im Nordwesten der Altstadt. An Sommerabenden werden hier auch regelmäßig Konzerte veranstaltet – ein Besuch lohnt sich, denn die Stimmung ist weltentrückt-feierlich und sehr intim. Bedeutendster Kunstschatz im Innern des romanisch-gotischen Gotteshauses ist der San-Zeno-Altar (15. Jh.). Das dreiteilige, geheimnisvoll leuchtende Tafelbild befindet sich vorne in der Chorapsis. Es zeigt die Muttergottes auf steinernem Thron und gilt als eines der Hauptwerke des Renaissancemalers Andrea Mantegna.

Piazza San Zeno 2, 37123 Verona,
www.basilicasanzeno.it

Gentleman of Verona

Gediegener Luxus mitten im Zentrum: Das Boutiquehotel mit Spa bietet 14 individuell eingerichtete Designsuiten. Besonders süß träumt man im Orientzimmer unter edler Stofftapete aus Fernost – und natürlich im Himmelszimmer unter leuchtenden Sternen aus Stuck.
Via Carlo Cattaneo, 26a, 37121 Verona,
www.thegentlemanofverona.com

Il Sogno di Giulietta

Romantischer geht es nicht: Von den Zimmern dieser Nobelunterkunft blickt man direkt auf Julias Balkon und ihr berühmtes Konterfei aus Bronze. Bei der Stadterkundung und Ticketreservierungen hilft der Conciergeservice des Hauses.
Via Cappello 23, 37121 Verona,
www.sognodigiulietta.it

Agriturismo Dongili

Laue Landluft und fantasievolle vegetarische Küche verschmelzen hier am Stadtrand zur süßen Dolce Vita. Idylle, Ruhe und der Blick vom Anwesen auf die sanften Hügel rund um Verona sind inklusive – aber nicht ganz billig.
Via Castello 11, 37141 Verona, www.agriturismodongili.it, Mo, Di Ruhetag

Osteria ai Portegheti

Kleine gemütliche Bar mit echt italienischem Flair, in die sich bislang eher selten Touristen verirren. Leckere Antipasti- und Panini-Auswahl. An Vino und Campari nippt man im Sommer draußen auf den Stufen der Arkaden vorm Lokal.
Piazza S. Tommaso, 37129 Verona,
www.osteriaportegheti.com

25 Sehnsucht nach Süden

Apulien, Italien

Er ist lecker und macht locker – steigt aber auch recht schnell zu Kopfe: Apulien ist für kräftige Rotweine bekannt, und insbesondere der würzige Primitivo schießt in puncto Alkoholgehalt manchmal übers Ziel hinaus. Nach ein, zwei Gläschen wundert einen gar nichts mehr. Nicht einmal die kuriose Entstehungsgeschichte der Trulli. So heißen die niedlichen kegelförmigen Rundhäuser, die man hier, am Absatz des italienischen Stiefels, recht häufig sieht. Über 5000 Stück soll es in der Gegend noch geben. In Alberobello, südöstlich von Bari, ragen sogar so viele der weiß-grauen Türmchen aus dem Dächermeer, dass die Unesco die Stadt zum Welterbe erhoben hat. So bezaubernd das Ortsbild heute auf Besucher wirken mag, die hohe Trulli-Dichte ist das Ergebnis einer Trickserei, die Jahrhunderte zurückliegt. Denn im 17. Jahrhundert wurde der Bau neuer Siedlungen vom Königreich Neapel besteuert. Giangirolamo II. Acquaviva, Sparfuchs und Lehnsherr der Region, wollte die Abgaben natürlich umgehen und verpflichtete seine Untertanen daher zur trockenen Leichtbauweise. Bei den Trulli der ersten Generation konnte man sogar mit wenigen Handgriffen die Dächer abmontieren und so die königliche Steuerfahndung hinters Licht führen. Erst später wurde massiver und mit Mörtel gebaut, der typische Trullo-Stil blieb jedoch erhalten. Wer will, kann sich in einem der hübschen Häuschen einquartieren. Apulien bietet aber noch mehr. Traditionsreiche Städte wie Vieste, Bari und Ostuni blicken auf eine spannende Geschichte zurück, an traumhaften Sandstränden kann man baden und das Leben genießen – und im Landesinneren der Halbinsel Gargano findet sich sogar ein Nationalpark mit verwunschenen Buchenwäldern.

www.viaggiareinpuglia.it

In Alberobello sind ganze Straßenzüge von weißen Trulli gesäumt. Nach alter Tradition werden viele ihrer Dächer bis heute mit christlichen oder heidnischen Glücks- und Schutzsymbolen bemalt.

Don Ferrante

Leuchtendes Weiß und viel Naturstein dominieren das Interieur dieser Fünf-Sterne-Perle über der Altstadt von Monopoli. Alle zehn hellen, aber behaglichen Zimmer sind unter Gewölbedecke gebaut. Vom kleinen Infinitypool auf der Dachterrasse genießt man herrlichen Meerblick.
Via S. Vito, 27, 70043 Monopoli, www.donferrante.it

Masseria Le Carrube

Das von Oliven und Einsamkeit umgebene Landgut liegt auf einem Hügel nahe Ostuni. Die Zimmer bieten rustikalen Luxus, das weitläufige Hotelareal gleich zwei Pools. Zum Meer, das in der Ferne leuchtet, sind es nur 15 Autominuten.
Contrada Spennati, SS16 Fasano–Ostuni, km 873, www.masserialecarrubeostuni.it

Fidelio

Hinter hohen Mauern am Ortsrand von Alberobello versteckt sich ein malerisches Gartenrestaurant, in dem klassische italienische Küche und Pizza serviert werden. Im Winter speist man unter Gewölbe in den verwinkelten Innenräumen des Lokals.
Via Contrada Popoleto 12, 70011 Alberobello, www.ristorantefidelio.com

Bosco Verde

Frischen Fisch oder auch nur einen Snack oder Cocktail genießt man in dieser entspannten Strandbar mit den Füßen im Sand zwischen Dünen und Meer.
Contrada Pilone, 72017 Ostuni, www.lidoboscoverde.it

1 Vieste und der Gargano

Als hätte Gott ihn hier abgestellt und dann vergessen – so wundervoll deplatziert ragt der Pizzomunno am Strand südlich von Vieste aus dem Sand in den Himmel. Der schneeweiße Kalkmonolith ist eines der vielen Wahrzeichen der Halbinsel Gargano und gibt einen Vorgeschmack auf das, was die Landschaft im Norden Apuliens zu bieten hat. Aber der Reihe nach, denn Vieste selbst ist so charmant, dass man sich schnell im Gassengewirr der Altstadt verliert und dabei staunend immer Neues entdeckt. Reizvoll ist der Blick vom Castello (13. Jh.) über der Stadt, noch eindrucksvoller die Aussicht von der Renaissancekirche San Francesco, die sich auf der gleichnamigen Landzunge östlich des Zentrums über der Adria erhebt. Wer will, wandert in einer Tagestour von Vieste westwärts Richtung Peschici. Auf dem Weg liegen etliche schöne Badebuchten, dazwischen ragt die Küste in bizarren Felsformationen immer wieder steil auf. Landeinwärts gelangt man zu den schattigen Wäldern der Foresta Umbra – ein Naturparadies, das man auf gut ausgeschilderten Pfaden durchstreifen kann.

Touristinformation Vieste, Piazza Kennedy 13, 71019 Vieste, www.turismovieste.it

2 Castel del Monte

Aus der Ferne wirkt das Castel del Monte wie ein Raumschiff, das auf einem kahlen Hügel zwischengelandet ist, aber jederzeit wieder abheben könnte. Tatsächlich steht das berühmte Oktogon, dessen Mauern von ebenfalls achteckigen Türmen flankiert werden, hier schon seit dem 13. Jh. Erbaut und vermutlich nie ganz fertiggestellt wurde die Festung von Friedrich II. Der Stauffenkaiser besuchte die Gegend häufig auf Jagdausflügen, wollte mit dem Prachtbau aber sicherlich auch seine Machtstellung in der Region unterstreichen. Wer Zeit hat, sollte sich dem Castel auf den kleinen Sträßchen rundherum aus verschiedenen Himmelsrichtungen nähern. So erlebt man die Burg aus immer neuen Perspektiven. Doch auch die Besichtigung der Anlage aus nächster Nähe lohnt sich wegen ihrer Freitreppen, ihrer exotischen Portale und Gänge.

Località Castel Del Monte, an der SS170, 76123 Andria, www.casteldelmonte.beniculturali.it

3 Bari

Die Hafenmetropole ist wirtschaftliches und kulturelles Zentrum Apuliens. Am besten stürzt man sich gleich ins Gewusel der Altstadt mit ihren vielen Kirchen und

Beste Reisezeit

Während der April und Mai noch angenehm frühlingshaft sind, beginnt ab Juni der trockene Hochsommer. Meiden sollten man jedoch nur den August: Hier macht ganz Italien – am liebsten in Italien – Urlaub. Baden kann man an der Küste oft noch bis Anfang Oktober.

Ein sanfter Sommerwind weht abends über die Landzunge Punta di San Francesco bei Vieste. Den kurzen Weg zur Kirche an ihrer Spitze säumen gemütliche Bars und Restaurants.

Museen. Hoch oben über den schmalen Gassen baumeln bis heute Hemden, Hosen und Strümpfe an den von Hauswand zu Hauswand gespannten Wäscheleinen. Wer jetzt Richtung Westen bummelt, erreicht die trutzigen Mauern des Castello Svevo. Im Osten laden die Promenaden am Porto Vecchio zum Flanieren mit Meerblick ein.

Touristinformation Bari,
Piazza del Ferrarese 29, 70122 Bari,
www.viaggiareinpuglia.it

4 Alberobello

Trulli findet man in der Gegend überall, doch in keiner anderen Stadt Apuliens gibt es so viele davon wie in Alberobello. Selbst über den Grundmauern der Chiesa Sant'Antonio am südlichen Ortsrand ragen die typisch kegelförmigen und mit grauen Kalksteinplatten gedeckten Türme auf. Spaziert man vom Kirchenportal die Via Monte Pertica hinab ins Zentrum, ist man schnell im siebten Trullo-Himmel: Dicht an dicht drängen sich dort die bauchigen, weiß getünchten Rundbauten, deren spitze Dächer häufig auch noch ein Turmknopf ziert. Anders als im Viertel Aia Piccola weiter östlich sind viele von ihnen hier nicht mehr bewohnt, sondern buhlen als Cafés, Restaurants oder Souvenirläden um die Gunst der Passanten. Voll ist es in Alberobello fast immer, am schönsten ist es ab dem späten Nachmittag, wenn die Fassaden ins zart-goldene Licht der untergehenden Sonne eintauchen.

Touristinformation Alberobello,
Via Monte Nero 3, 70011 Alberobello,
www.comunealberobello.gov.it

5 Ostuni

Wie ein leuchtender Salzberg türmen sich die weißen Häuser von Ostuni über dem azurblauen Meer auf. Der mittelalterliche Stadtkern gilt als einer der schönsten in der Region. Der Aufstieg zur Barockkirche Santa Maria Maddalena ist schweißtreibend, lohnt sich aber: Von den Aussichtspunkten am Rande der oberen Altstadt genießt man grandiose Panoramablicke.

Touristinformation Ostuni,
Corso Vittorio Emanuele 39, 72100 Ostuni,
www.comune.ostuni.br.it

Nur wir zwei

Man läuft vorbei, staunt und will es einfach – in einem der **romantischen Trulli rund um Alberobello übernachten**. Nun, das ist sogar einfacher, als man vielleicht vermutet: Im Internet werden die süßen Turmhäuschen mittlerweile von vielen Ferienhausportalen angeboten – auch Airbnb hat sie im Programm. Wer nach einer exklusiven Rundum-sorglos-Alternative für die Flitterwochen sucht, sollte sich das bezaubernde Leonardo Trulli Resort östlich von Alberobello ansehen. Hier schläft man im Trullo mit eigenem kleinen Garten, umgeben von Feigenbäumen und Oliven, genießt aber gleichzeitig alle Vorzüge eines Landresorts inklusive Pool, Restaurant und himmlischer Ruhe.
Contrada da Semeraro,
70010 Locorotondo,
www.leonardotrulliresort.com

Der schönste Leuchtturm Dalmatiens? Ist natürlich Veli Rat auf der Insel Dugi Otok. Wie in vielen anderen Leuchttürmen an der kroatischen Küste können auch hier Feriengäste übernachten.

26 Frühstück am Strand

Norddalmatien, Kroatien

Eine Woche zu zweit auf Porer vor der Küste Istriens – das ist wie ein Lackmustest für die Liebe. Und klappt vermutlich nur, wenn man sich wirklich mag. Die winzige, windumtoste Insel ist buchstäblich ein Fels in der Brandung. Sie zu umrunden, dauert nur wenige Minuten, erfordert aber festes Schuhwerk – so scharf sind die Steine, aus dem das archaische Eiland geformt ist. Dass das lang ersehnte Wassertaxi vom Festland mal wieder auf sich warten lässt, weil Sturm und unberechenbare Strömung die Überfahrt unmöglich machen, kommt hier öfter vor. Und dann? Urlaub verlängern! Doch der Leuchtturm von Porer ist nur einer von vielen an der kroatischen Küste, in denen man mittlerweile übernachten kann – und ein Extrembeispiel. Für die Seefahrt sind die Türme heute nicht mehr von Bedeutung, und anstatt sie verfallen zu lassen, werden sie vom kroatischen Staatsunternehmen Plovput gewartet und an Feriengäste vermietet. Eines der schönsten zum Hotel umgebauten Exemplare ist der Leuchtturm Veli Rat am von Kiefern gesäumten Nordkap der dalmatischen Insel Dugi Otok. Herrliche Kiesstrände mit kristallklarem Wasser finden sich unmittelbar zu Füßen des 40 Meter hohen Baumwerks. Trotz der abgeschiedenen Lage ist es vom Kap nicht allzu weit ins hübsche Zadar; weiter südlich erstreckt sich die Inselwelt der Kornaten. Einen Wermutstropfen gibt es allerdings: Im Turm befinden sich zwei Apartments, und auch der Leuchtturmwärter und seine Familie leben hier. Ruhe, Romantik und viele traumhafte Sonnenuntergänge sind beim Urlaub auf Dugi Otok dennoch garantiert. Und wer weiß, vielleicht sind die Nachbarn ja ganz nett.

www.lighthouses-croatia.com
www.croatia.hr/de

1 Altstadt von Zadar

Während Dubrovnik sich mittlerweile vor Touristen kaum noch retten kann, geht es in Zadar recht beschaulich zu. Gut so, denn die Stadt muss sich vor ihrer großen Schwester im Süden wahrlich nicht verstecken. Zadars historisches Zentrum liegt auf einer schmalen, nur etwa 500 m breiten Landzunge, die wie ein Schiffsrumpf vor der dalmatischen Küste aus dem Meer ragt. Hinter den dicken, noch komplett erhaltenen Mauern der Stadtbefestigung taucht man auf engstem Raum in ein buntes Panoptikum der Geschichte ein: Römer, Venezianer und Österreicher waren schon hier – und alle haben sie prunkvolle Brunnen, Paläste, Kirchen, Bürgerhäuser und so manch andere versteckte Spur hinterlassen. Im Rahmen einer Stadtführung kann man sich auf eine spannende Zeitreise begeben. Wer möchte, kann Zadars Flair und die mediterrane Lebensfreude seiner Bewohner aber auch beim Flanieren durch die kopfsteingepflasterten Gassen der Stadt ganz nebenbei genießen.

Touristinformation Zadar,
Jurja Barakovića 5a, 23000 Zadar,
www.zadar.travel/de

Nur wir zwei

Ein Spaziergang an der alten Stadtmauer von Zadar ist einfach wunderschön – vor allem kurz vor Sonnenuntergang. Beliebter Romantiktreff an der Nordwestspitze der Halbinsel ist zu dieser Tageszeit die **Lichtinstallation »Gruß an die Sonne«** des kroatischen Architekten Nikola Bašić. Das in den Boden eingelassene, kreisrunde und begehbare Kunstwerk besteht aus Hunderten übereinander geschichteten Glasplatten und Leuchtdioden, die mit einsetzender Dämmerung in magischen Farben zu glühen beginnen. Die Choreografie des Lichts richtet sich dabei auch nach dem Rhythmus der Wellen und den geheimnisvollen Klängen der benachbarten Meeresorgel, die ebenfalls von Bašić entworfen wurde.
Istarska Obala, 23000 Zadar, www.zadar.travel

2 Ugljan und Pašman

Gemüsegarten oder Garten Eden? Ugljan und Pašman sind irgendwie beides. Schon vor Jahrhunderten versorgten die Bauern der über eine Brücke miteinander verbundenen Inseln die Bürger Zadars mit Vitaminen. Und bis heute werden hier Oliven, Wein und Obst kultiviert. Leider wurde auch viel gebaut. Trotzdem steckt der Tourismus im Vergleich zu vielen anderen Gegenden noch in den Kinderschuhen. Die Hügellandschaft der Eilande erkundet man am besten mit dem Fahrrad. Wer Preko ansteuert, sollte von hier hinauf zur Burgruine Sveti Mihovil wandern und den traumhaften Blick auf die Nachbarinseln genießen. Viel Ruhe und charmante Badebuchten findet man in den Fischerdörfern an der Nordostküste Pašmans.

Fährverbindungen: Zadar–Preko (Ugljan) und Biograd na Moru–Tkon (Pašman),
www.ugljan.hr, www.pasman.hr/de

3 Kornati-Inseln

Spricht man passionierte Adriasegler auf die Kornaten an, bekommen sie meistens leuchtende Augen: Das Archipel, das südlich an Dugi Otok angrenzt und sich von dort rund 40 km südwärts in der Adria verliert, umfasst über 150 Inseln und Inselchen. Mehr als die Hälfte davon steht unter strengem Naturschutz und ist Teil des Nationalparks Kornaten, der von der Insel Murter aus verwaltet wird. Manche der Eilande sind so winzig klein, dass sie nur als schroffe, kaum wahrnehmbare Felsen aus den Wellen ragen. Andere, etwa Kornat, sind wiederum groß genug, dass Bauern der Umgebung einst ihre Schafe zum Weiden hierher brachten. Gleitet man auf einem Boot durch das weltvergessene Insellabyrinth, vergisst man Zeit und Raum. Und wo ist eigentlich oben – und wo unten? Das Wasser leuchtet hier mindestens genauso blau wie der weite Himmel, der sich über dem endlosen Meer aufspannt. Von fast allen Küstenorten werden Bootsausflüge oder Segeltörns in den Nationalpark angeboten.

www.np-kornati.hr/en

Beste Reisezeit

Schön warm, aber nicht zu heiß ist es im Mai, Juni und September. Der Spätsommer hat den Vorteil, dass die Adria oft noch ideale Badetemperaturen aufweist. Im Frühjahr wiederum zeigt sich die Natur in voller Blüte. Im Juli und August herrscht auf den Inseln Trubel.

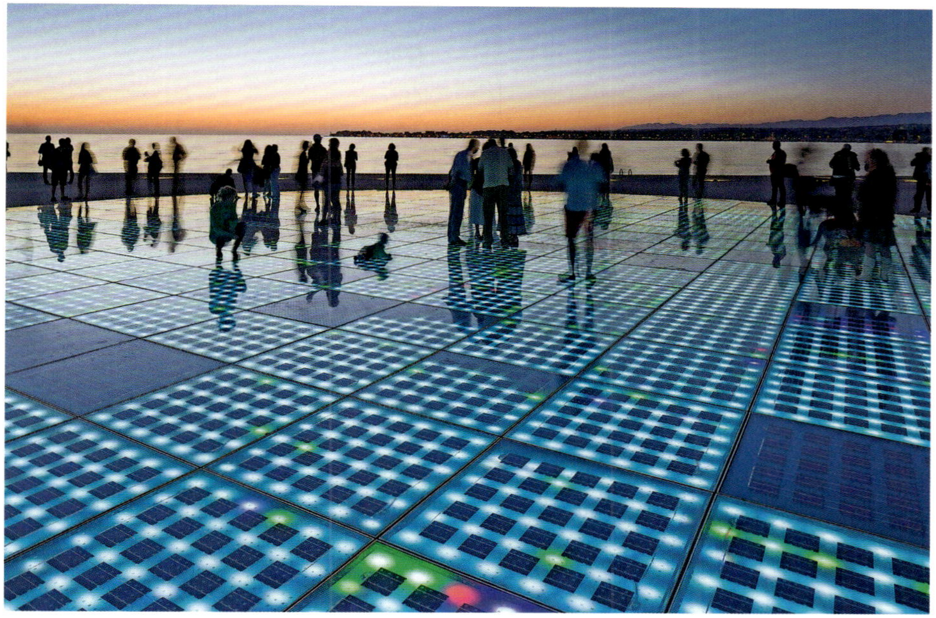

Projektionsfläche der Sehnsüchte und des Lichts: das Kunstwerk »Gruß an die Sonne« in Zadar.

4 Krka-Wasserfälle

Trinkwasser ist auf den Inseln vor der Adriaküste Mangelware, und im Sommer wird das kostbare Nass regelmäßig in Tanks angeliefert, um die Versorgung sicherzustellen. Grund genug also, die doch recht beschwerliche Anreise zu den Krka-Wasserfällen auf sich zu nehmen. Von Zadar aus erreicht man den gleichnamigen Nationalpark mit dem Auto in knapp einer Stunde – und wie sich das lohnt! Am Skradisnki Buk, dem schönsten der sieben Wasserfälle des Gebiets, donnert das Süßwasser mit solch wuchtiger Eleganz über die urwaldgesäumten Kaskaden, dass man sich im Amazonas wähnt. Aus nächster Nähe spürt man die kühle Gischt auf einer der Holzbrücken, die am und sogar über dem Wasserlauf konstruiert wurden. Auch optisch erlebt man hier das Naturschauspiel aus immer neuen Perspektiven. Zur warmen Jahreszeit kann man in den Gumpen links und rechts der Stromschnellen sogar baden; zudem durchzieht ein Wegenetz den Nationalpark, das zu herrlichen Aussichtspunkten und Seen führt. Einer von ihnen ist der nördlich gelegene Jezera Visovac, an dem sich die Krka zu einem spiegelglatten Wasserbecken aufstaut. Auf einer Insel mitten im See steht seit dem 15. Jh. ein Franziskanerkloster, das von Ausflugsbooten angesteuert wird. Übrigens war die Gegend in den 1960er-Jahren bereits Schauplatz diverser Karl-May-Verfilmungen. Kein Wunder, bei der Landschaft!

Parkeingang an der D56 östlich von Skradin, 22222 Skrdain, www.np-krka.hr

Hotel Bastion

Schickes Boutiquehotel am nördlichen Altstadtrand von Zadar. Meeresorgel und Sonnengruß liegen fast vor der Haustür, und auch alle anderen Sehenswürdigkeiten erreicht man schnell zu Fuß. Kleiner Spabereich und gutes Hotelrestaurant.
Bedemi zadarskih pobuna 13, 23000 Zadar, www.hotel-bastion.hr

Pet Bunara

Hier werden kreative Kunstwerke aus regionalen Zutaten auf die Teller gezaubert. Fischfans kommen dabei ebenso auf ihre Kosten wie Liebhaber feiner Landküche. Als Dessert unbedingt die hausgemachte Feigentorte probieren! Reservierung empfohlen.
Stratico 1, 23000 Zadar, www.petbunara.com

Restaurant Foša

Fisch und Meeresfrüchte sind Spezialität des Hauses am Altstadtrand von Zadar, das auch mit einer exzellenten Weinauswahl sowie sehr schönem Blick übers Hafenbecken der Foša-Bucht punktet.
Kralja Dmitra Zvonimira 2, 23000 Zadar, www.fosa.hr

Taverna Goro

Abgelegene, urige Taverne am Kornati-Archipel im Südosten Dugi Otoks. Viele Zutaten werden in der eigenen Landwirtschaft angebaut und verarbeitet. Manchmal wartet man hier etwas länger aufs Essen, dafür ist alles frisch und die Umgebung einzigartig. Nur Barzahlung!
23281 Sali (im Naturpark Telašćica), www.tavernagoro.com

27 Das Ende der Welt

Peloponnes, Griechenland

Am südlichsten Punkt Griechenlands drückt das Meer dem Himmel einen salzigen Kuss auf die Wange. Verstreute Steinbrocken, verbranntes Gras und einen Leuchtturm, der sich über der Steilklippe Richtung Unendlichkeit beugt – viel mehr gibt es nicht zu sehen am Kap Tenaro. Und doch ist die Wanderung vom kleinen Dorf Kokkenogeia auf verschlungenen Pfaden zur äußersten Spitze der Manihalbinsel eine fast schon spirituelle Erfahrung. Aber so weit muss man erst mal kommen! Schon auf der Landkarte wirken die Umrisse des Peloponnes wie eine ausgestreckte Hand, die einem scheinbar zu verstehen geben will: »Stopp! Bis hierher und nicht weiter!« Das ist nur Bluff, und man sollte unerschrocken ins Auto steigen. Der schönste Weg ans Ende der Welt führt ab Athen durch Korinthia und Argolis nach Lakonien. Er durchkreuzt gewissermaßen die Daumenwurzel Richtung Handfläche und führt dann südwärts nach Mani, dem zerklüfteten Mittelfinger des Peloponnes. Wer ohne Pause durchfährt, braucht vom Flughafen zwischen vier und fünf Stunden. Keine Sorge, im Tainaron Blue Retreat ist man es gewohnt, dass die Gäste etwas abgekämpft, aber glücklich ihren Zimmerschlüssel in Empfang nehmen. Das Luxushotel hat nur drei Suiten, die behutsam ins Gemäuer einer historischen Festungsanlage integriert wurden. Wer sich in den Flitterwochen verwöhnen will, bucht die exklusive Turmsuite in luftiger Höhe. Ideal für Paare ist aber auch das Executive Doppelzimmer mit Gewölbedecke. Hier profitiert man zudem von einem unschlagbaren Standortvorteil: Der Infinitypool mit atemberaubendem Ausblick auf die Bucht liegt gleich um die Ecke. Ja gewiss, auch zum Sandstrand von Marmari ist es nicht weit, und nördlich lockt das hübsche Bergdorf Vathia. Aber kann das nicht bis morgen warten? Denn wer interessiert sich schon für Zeit und Raum, hier am lakonischen Ende der Welt.

www.tainaron-blue.com
www.visitgreece.gr

Das Tainaron Blue Retreat liegt im äußersten Süden des Peloponnes und könnte der Beginn einer wunderbaren Freundschaft sein – mit einer stillen und noch sehr ursprünglichen Region Griechenlands.

Aetoma Hotel
Gediegenes Boutiquehotel in Nafplio – für alle, die in der Stadt einen längeren Zwischenstopp einlegen wollen. Der kleine Balkon der Deluxe-Zimmer mit Altstadtblick ist so schön, dass man hier am liebsten die ganze Nacht bei Wein und Kerzenlicht verbringen möchte.
Agiou Spiridonos Square 2,
21100 Nafplio, www.aetoma.gr

Palaiopolis
Hier speist man wie Gott in Griechenland – entweder drinnen im rustikalen Gewölbekeller oder draußen im malerischen Innenhof mit Garten unter den Zweigen der Feigenbäume.
Kapetan Matapa 53,
23062 Areopoli

Mani Mani
Pittoreske Hafentaverne direkt an der Bucht von Gerlominas – nur circa 20 Autominuten vom Tainaron Blue Retreat entfernt. Zum frischen Fisch werden die schöne Aussicht und das Rauschen der Wellen serviert. Besonders schön zum Sonnenuntergang!
Nordostseite der Bucht von Gerolimenas, 23071 Gerolimenas

Ta Fanaria
Die Grillspezialitäten des Hauses in der charmanten Altstadt von Nafplio locken auch die Einheimischen an. Probieren sollte man unbedingt die Lammkoteletts! Aber keine Sorge, auch Vegetarier werden fündig.
Staikopoulou Str. 13, 21100 Nafplio,
www.fanaria.gr

1 Kanal von Korinth

Der Peloponnes ist eine Insel. Aber noch gar nicht so lange! Ursprünglich war die Region durch den Isthmus von Korinth mit dem griechischen Festland verbunden. Schiffe, die von Athen aus die Ägäis erreichen wollten, mussten daher einen weiten und damals nicht ganz ungefährlichen Umweg rund um die Südspitze des Peloponnes in Kauf nehmen. Ermutigt vom zuvor eröffneten Suezkanal, ließ die Regierung schließlich Ende des 19. Jh. eine Wasserstraße durch die Landenge graben, die bis heute so schnurgerade wirkt, als hätten die Ingenieure den Fels mit einem riesigen Skalpell durchtrennt. Der Kanal ist nur rund 6 km lang und 25 m breit, wird jedoch von bis zu 80 m hohen, senkrechten Steilwänden flankiert. Auf dem Weg von Athen nach Lakonien überquert man den Kanal auf einer breiten Autobahnbrücke, sieht dabei aber fast nichts. Wer den Schiffen aus nächster Nähe winken möchte, sollte abfahren und sich den Kanal vom Ufer oder einer Fußgängerbrücke aus ansehen.

20010 Isthmia,
www.visitgreece.gr

2 Nafplio

Römer, Byzantiner, später Venezianer und Türken – und mit Otto von Wittelsbach sogar ein waschechter Bayer: Die Liste der Machthaber, die Nafplio im Laufe der Jahrhunderte erobert, belagert, kulturell bereichert oder einfach nur regiert und verwaltet haben, ist ellenlang. Das kleine Hafenstädtchen am Argolischen Golf strotzt daher nur so vor Sehenswürdigkeiten und fantastischer Architektur. Arabeske Brunnen und Moscheen, die die Türken hinterließen, finden sich hier ebenso wie gewaltige Bastionen aus venezianischer Zeit oder klassizistische Prachtbauten, die an die bayerische Ära erinnern. Gleichzeitig ist Nafplio beliebtes Ausflugsziel der Athener; entlang des Hafenboulevards und im Gassenlabyrinth der Altstadt pulsiert deshalb auch in der Nebensaison das Leben, und das Angebot an Cafés, Restaurants und Boutiquen ist riesig. Den schönsten Aussichtspunkt weit und breit muss man sich Schritt für Schritt verdienen: Fast 900 Stufen führen hinauf zur Festung Palamidi, die zwischen Himmel und Erde über der Bucht thront.

21100 Nafpoli, www.visitnafplio.com

3 Sparta und Mystras

Sparta ist Anziehungspunkt für Archäologiefans und alle, die sich gerne Sandalenfilme ansehen. So oder so hat den Namen dieser Stadt wohl jeder schon einmal gehört. Im alten Griechenland entwickelten

Beste Reisezeit
Duftende Blüten, schneebedeckte Berge: Von April bis Mitte Mai zeigt sich die Natur auf dem Peloponnes von ihrer malerischsten Seite. Bei angenehmen Temperaturen kann man jetzt auch sehr gut wandern. Badewetter herrscht von Juni bis Oktober.

Vorsicht, die mediterrane Lebensfreude im hübschen Nafplio ist ansteckend! Auf dem Weg in den einsamen Süden des Peleponnes kann man hier einen genussvollen Zwischenstopp einlegen.

sich die Spartaner zu einer der schlagkräftigsten Militärmächte Südosteuropas. Während man im verfeindeten Athen freier und weltoffener lebte, erklärten Spartas Könige vor allem Disziplin und Askese zur Staatsräson. Schon in jungen Jahren wurden Männer mit aller Härte aufs Militär vorbereitet und setzen ihre Kampfkunst später mit blutiger Effizienz gegen Athen und seine Verbündeten ein. Leider sind die antiken Reste der Stadt eher spärlich. Doch rund um die Ausgrabungsstätte kann man herrlich wandern, und wer länger bleibt, sollte sich weiter westlich unbedingt auch die malerischen Ruinen der alten byzantinischen Metropole Mystras ansehen.

Touristinformation Sparta,
Evaggelistrias 83–91, 23100 Sparta,
www.exploresparta.gr

4 Areopoli

Schon die Fahrt hierher, zu Füßen des von Olivenbäumen und krautiger Macchia gesäumten Taygetos-Gebirges, ist ein Genuss. Vom Tainaron Blue Resort sollte man mit entspanntem Gasfuß rund 45 Min. einplanen. Obgleich der Ort als wichtigster der Halbinsel gilt, ist Areopoli doch eher ein Dorf. Zwischen Wäsche- und Stromleitungen ragen trutzige Turmbauten in den Himmel, die man in der Region häufig vorfindet. Nicht selten bekriegten sich die Familienclans auf der Mani auch untereinander – da waren dicke Mauern mit Schießscharten im Wohnzimmer natürlich von Vorteil. Je reicher eine Familie, desto höher konnte sie bauen – und desto mehr Weitblick hatte sie freilich beim Ausspähen von Angreifern. Schutz boten aber auch die wehrhaften Kirchen. Herausragende Dorfschönheit ist der schlanke Natursteinturm der Taxiarchis-Kirche im Ortskern. Rundherum laden bezaubernde kleine Bars und Cafés zu einer Pause ein.

23062 Areopoli,
www.visitgreece.gr

5 Höhlen von Pyrgos Dirou

Willkommen in der Unterwelt! Mit virtuoser Eleganz steuern die Bootsmänner von Dirou ihre Kähne durchs Zwielicht – rundherum ein mystisches Tropfsteinlabyrinth. Aufgepasst! Manche Stalaktiten ragen so frech aus der Decke, dass man während der Bootsfahrt den Kopf einziehen muss. Die Höhle mit unterirdischem Fluss ist auf einer Länge von 5 km erschlossen und zählt zu den beliebtesten Naturattraktionen auf dem Peloponnes.

An der Bucht von Pyrgos Dirou, rund 11 km südlich von Areopoli, 23063 Pyrgos Dirou

Nur wir zwei

In der Ferne bellt ein Hund, im Hafenbecken schaukeln bunte Holzboote in der Abendsonne. Menschen? Trifft man in den winzigen Dörfern auf der Mani während der Vor- und Nachsaison nur selten. Besonders einsam und romantisch sind **Agios Nikolaos** und **Stoupa** nördlich von Areopoli sowie das Bergdorf **Vathia** mit seinen Wehr- und Wohntürmen, das man vom Tainaron Blue Resort sogar zu Fuß erreicht.

28 Blau, Weiß, Gold

Santorin, Griechenland

»A little bit more, please«, sagt der Mann, dessen Gesicht sich fast vollständig hinter einer Kamera mit riesigem Zoomobjektiv verbirgt, und gibt mit einer schwungvollen Handbewegung die Richtung vor. Die Frau ganz in Weiß fährt sich sicherheitshalber noch einmal durchs Haar, hakt dann ihren Gatten unter – und beide tippeln geduldig ein paar Schritte nach links. Soll ja schön werden, und die hübsche blaue Kirchenkuppel am Kraterrand hätte man auch gerne mit auf der Aufnahme. Santorin ist ein Dorado für Hochzeitsfotografen. Das bedeutet natürlich im Umkehrschluss: Santorin ist ein Paradies für Brautpaare und alle, die es vielleicht einmal werden wollen. Das winzige, vor Jahrtausenden nach einem gewaltigen Vulkanausbruch entstandene Eiland gilt als eines der malerischsten im ganzen Mittelmeerraum. Seine Schönheit verdankt es dem reizvollen Wechselspiel der Farben, das neben dem allgegenwärtigen, tiefen Schwarz des Lavasteins besonders gut zur Geltung kommt. Am Rande der Caldera im Osten ragt er als lang gezogene Klippe auf, an dessen Flanken der Mensch verschachtelte, weiß-blaue Orte gebaut hat. Im Süden haben Wind und Wellen himmelhohe Wände aus beigem Bimsstein freigelegt, und wenn im Norden vor Oia die Sonnen versinkt, verwandelt sich das Azurblau der Ägäis in funkelndes Gold. Auf einen Mietwagen kann man auf Santorin übrigens verzichten. Die Entfernungen sind kurz, und die Insel lässt sich stressfrei mit dem Motorroller umrunden.

www.visitgreece.gr/en/greek_islands
www.santorini.gr

Tanz auf dem Vulkan: Der Blick von der Inselhauptstadt Fira auf die Caldera ist legendär. Noch heute brodelt es hier, aber keine Sorge – seit dem großen Seebeben Mitte der 1950er-Jahre brechen vor allem die Endorphine der Urlauber aus.

1 Inselhauptstadt Fira

Beim Traumwandeln durch Fira schalten Beine, Füße und Verstand plötzlich auf Autopilot. Der alte, blütenweiße Stadtkern hoch über der Caldera ist so apart und schön, dass man wie bei einer Achterbahnfahrt gleichzeitig benommen und schwerelos durch die Gassen gleitet. Die winden sich hierhin und dorthin, werden schmaler und wieder breiter. Auf noch viel engeren Treppenstufen gelangt man links und rechts ins verschachtelte Irgendwo am steilen Kraterrand. Unten am alten Hafen schaukeln Fischer- und Ausflugsboote, weiter draußen liegen die Kreuzfahrtschiffe vor Anker. Leider werden es immer mehr, und wenn alle Passagiere gleichzeitig zum Landgang übersetzen, kann es in Fira schon mal voll werden. Und für die Maultiere anstrengend! Noch vor wenigen Jahrzehnten waren die zotteligen Vierbeiner das einzige Transportmittel vom Fuße der Caldera hinauf in die Stadt. Tierfreunde gehen lieber zu Fuß oder nehmen die Seilbahn. Nördlich der Bergstation erstreckt sich Firas ruhiges Katholisches Viertel, in südlicher Richtung schlängeln sich die beliebten Kratergassen vorbei an unzähligen Schmuckläden, Boutiquen und Cafés zur prächtigen Mitrópolis-Kathedrale. Eine der reizvollsten Wanderungen auf der Insel führt von Fira nordwärts immer an der Steilküste entlang nach Oia (ca. 11 km). Auf dem Weg passiert man bei Imerovigli den höchsten Punkt des Calderakamms, der sich hier 360 m über dem Meer in die Tiefe stürzt.

84700 Fira, Ostküste der Insel
www.visitgreece.gr/en/greek_islands

Nur wir zwei

Oia ist ein wirklich bezaubernder Ort, aber ab dem späten Nachmittag einfach oft überlaufen. Fast genauso stimmungsvoll, dafür aber ganz ohne Menschenmassen, genießt man den **Sonnenuntergang am Kap Akrotiri** im äußersten Südwesten der Insel. Hinterm Leuchtturm führt ein Pfad erst hinauf, dann wieder hinab zu den luftigen Logenplätzen direkt überm Meer. Hier kann man im Abendrot den Segelbooten auf ihrem Heimweg Richtung Caldera zuwinken und in den klaren Nächten Sternbilder lesen. Festes Schuhwerk ist für die kleine Kletterpartie Pflicht. Und neben einer Kuscheldecke und einem guten Tropfen Wein sollten alle, die etwas länger bleiben möchten, auch eine Taschenlampe einpacken.
84700 Akrotiri, an der Südwestspitze der Insel

2 Bilderbuchdorf Oia

Wollte man ganz Hellas für die Nachwelt auf nur einer einzigen Postkarte festhalten, sie würde vermutlich das Dächermeer von Oia über der funkelnden Ägäis zeigen. Das kleine Dorf an der Steilküste im Nordwesten Santorins gilt als Sinnbild weiß-blauer Griechenlandromantik. Früher, vor dem verheerenden Erdbeben von 1956, war Oia ein florierendes Zentrum der Fischerei und des Seehandels. Heute hat sich im Gassengeflecht eine farbenfrohe Kunst- und Gastronomieszene etabliert, und in die einst von Seeleuten bewohnten Höhlen am Kraterrand sind exklusive Boutiquehotels eingezogen. Sehenswürdigkeiten im klassischen Sinne gibt es in Oia eigentlich nicht, abgesehen von ein paar hübsch restaurierten Windmühlen. Der Ort selbst ist die Sensation – ein Gesamtkunstwerk inklusive Open-Air-Kino! In den Sommermonaten pilgert die halbe Insel zur Westspitze des Dorfes, um hier den spektakulärsten Sonnenuntergang zu erleben, den die Kykladen in petto haben.

84702 Oia, Nordspoitze der Insel,
www.visitgreece.gr/en/greek_islands

3 Mit dem Kayak zur Caldera

Santorins gewaltige Caldera, den vom Meer gefluteten Vulkankessel der Insel, erleben die meisten Besucher mit Sicherheitsabstand – hoch oben vom Kraterkamm zwischen Fira und Oia. Spannend ist aber auch die Perspektive aus nächster Nähe. Wer dieses Abenteuer nicht mit vielen anderen auf einem Ausflugsboot teilen

Beste Reisezeit

Im Spätsommer wird es ruhiger, aber die Ägäis ist noch badewannenwarm. Wer Santorin sattgrün und in voller Blüte erleben will, reist zwischen April und Juni an. Ab Juli muss man auf den Kykladen immer mit starkem, trockenem Sommerwind rechnen.

Taxis mit vier Hufen: An der Caldera in Fira warten die Maultiere auf neue Kundschaft.

möchte, paddelt am besten selbst. Santorini Sea Kayak startet an der Küste vor Akrotiri im Inselsüden, aber auch andere Anbieter haben private Caldera-Touren im Programm.

Santorini Sea Kayak,
Akrotiri Beach, 84700 Akrotiri,
www.santoriniseakayak.com

4 Die schönsten Strände

Santorin ist kein Badeparadies, doch im Osten und Süden finden sich einige attraktive Strände, die allerdings nicht immer ganz einfach zu finden sind. Red und Black Beach verstecken sich im Inselsüden, westlich von Akrotiri. Red Beach wird tatsächlich von Steilwänden aus blutrotem Tuffstein flankiert – auch am Ufer mischen sich feine rote mit schwarzen Sandkörnern. Zur Hauptsaison ist hier allerdings viel los. Ruhiger geht es am weiter östlich gelegenen Black Beach zu. Ein Strand wie vom anderen Stern ist der windumtoste, von himmelhohen Bimssteinfelsen überragte Vilchada Beach an der südlichen Inselspitze. Nordöstlich von Vilchada erstrecken sich die mondänen Lavastrände der Badeorte Perissa und Kamari. Vorsicht, ihr schwarzer Sand ist glutheiß!

www.visitgreece.gr/en/greek_islands

Kapari Natural Resort

Unaufdringlicher, ganz in Weiß getünchter Luxus hoch über der Caldera: Im Kapari Natural Resort werden Kykladenträume wahr. Wer sich verwöhnen will, bucht die Up-and-High-Suite mit blickgeschützter Dachterrasse, Privatjacuzzi und gigantischem Meerblick.
84700 Imerovigli,
www.kaparisantorini.gr

Santorini Heights

Abgeschiedenes Retreat, das im Landesinneren auf dem höchsten Punkt der Insel thront. Die exklusiven, topmodernen Suiten sind mit Küchenzeile, kleinem Pool und Terrasse oder Veranda ausgestattet. Teuer, aber der Ausblick ist ungelogen unbezahlbar schön.
84700 Pyrgos,
www.santoriniheights.com

Restaurant Argo

Eines der romantischsten Restaurants in Fira mit fantastischem Kraterblick. Serviert wird moderne griechische und mediterrane Küche; empfehlenswert sind vor allem die Grill- und Fischspezialitäten. Terrassenplätze unbedingt reservieren!
84700 Fira, südlich der Seilbahnstation,
www.argo-restaurant-santorini.com

Katharos Lounge

In der stylishen Katharos Lounge unterhalb Oias gibt es köstliche Meze-Häppchen und natürlich Cocktails und Longdrinks. Die meisten Speisen sind vegetarisch oder vegan.
Katharos Beach, 84702 Oia,
www.katharoslounge.com

Wie im Märchen: Eine Ballonfahrt über die Tuffsteinlandschaft in den frühen Morgenstunden ist das Highlight jeder Kappadokien-Reise. So grün ist es hier allerdings nur im Frühling!

29 Love is in the Air

Kappadokien, Türkei

Kappa-, wie bitte? Wer die Türkei auf Istanbul und die Riviera reduziert, verpasst das Allerbeste. Kappadokien, zum Beispiel! Die Gegend versteckt sich im Herzen Anatoliens und ist mit natürlichen Pyramiden übersät, die man in dieser Formenvielfalt sonst nirgendwo auf der Welt findet. Mal bauchig und rund, mal schlank und scharfkantig wie riesige Pfeilspitzen, ragen sie bis zu 30 Meter aus dem Boden. Wie entstand diese faszinierende Szenerie? Landschaftsarchitekten der ersten Stunde waren Erciyes (3917 m) und Hasan (3268 m), die beiden heute erloschenen Vulkane der Region. Zu ihren wildesten Zeiten, vor rund 20 Millionen Jahren, wirbelten ihre Eruptionen gewaltige Staub- und Aschemassen auf, die sich ablagerten und zu einer dicken Tuffsteinschicht heranwuchsen. Da das Vulkanit sehr weich ist, hatte die Erosion leichtes Spiel und ließ ihrer Fantasie freien Lauf. Noch heute ist die geologisch betrachtet junge Landschaft fragil und wird von Wind und Wetter immer weiter geformt. Aber auch der Mensch, der in Anatolien vermutlich während der Jungsteinzeit sesshaft wurde, legte Hammer und Meißel an und schuf sich seine neue Heimat kurzerhand aus dem Fels. Neben einfachen oder mehrstöckigen, teilweise labyrinthisch angelegten Wohnhöhlen entstanden in den Jahrhunderten nach Jesu Geburt zudem unzählige Höhlenkirchen, in denen urchristliche Mönche Schutz vor Verfolgung fanden. Wer sich für Kunst- und Religionsgeschichte interessiert, wird daher im Urlaub viel Zeit unter der Erde verbringen. Alle anderen quartieren sich in einem der romantischen Höhlenhotels rund um Göreme ein und suchen ihr Glück unter freiem Himmel – oder auf dem Rücken der Pferde: Die Berge und Canyons der Region kann man perfekt auf Wandertouren und Ausritten erkunden (www.cemalranch.com). Ebenso beliebt wie einzigartig ist eine Ballonfahrt über Kappadokien. Manch waghalsiger Pilot fährt dabei so tief an die Felsnadeln heran, dass man ihre Spitzen aus dem Ballonkorb beinahe mit den Fingern berühren kann.

www.goturkeytourism.com

1 Göreme

Als sich Abenteuerlustige aus aller Welt vor Jahrzehnten aufmachten, um die einzigartige Natur- und Kulturlandschaft Göremes zu besuchen, kamen sie noch mit dem Rucksack und bescheidenen Ansprüchen. Im 21. Jh. übernachtetet man hier in Tuffsteinhöhlen, die oft so alt wie das Christentum, so exotisch wie die Kulisse eines Fantasyfilms und so komfortabel wie ein Luxushotel sind. Früher wie heute ist Göreme Hauptanziehungspunkt Kappadokiens, und die für die Gegend so typischen »Feenschlote« ragen im ganzen Stadtgebiet wie versteinerte Riesenpilze aus dem Boden. Rundherum haben Wind, Wetter und vulkanische Aktivität weite Täler und verschlungene Canyons ins Land geschnitten. In ihren Steilwänden verstecken sich Hunderte kleiner und kleinster Höhlenkirchen, in denen sich Urchristen in der Spätantike zurückzogen, um in Abgeschiedenheit und Askese unbehelligt ihrem Glauben nachzugehen. Viele der Bauten sind mit kunstvollen Fresken aus byzantinischer Zeit ausgemalt. Einige der schönsten Höhlenkirchen und Wandmalereien kann man im Museumstal am südöstlichen Stadtrand bewundern.

Touristinformation Göreme,
Aydinli Mah. Aydinli Sok. No: 40,
www.goturkeytourism.com

Nur wir zwei

Flugzeuge im Bauch? Bei einer **Ballonfahrt über Kappadokien** kann man sich diesem Gefühl voll und ganz hingeben, indem man der Schwerkraft einfach ein Schnippchen schlägt: Die Canyons und Tuffsteinpyramiden aus der Vogelperspektive zu sehen, ist wirklich ein unvergessliches Erlebnis! Wer abheben möchte, muss allerdings früh aufstehen. Gestartet wird kurz nach Sonnenaufgang. Vor Abflug servieren viele Anbieter ein kleines Frühstück, nach geglückter Landung sogar ein Gläschen Sekt. Keine Sorge, der Transfer zum Hotel ist im Preis inbegriffen.
www.butterflyballoons.com

2 Uçhisar

Neben Göreme ist auch Uçhisar ein perfekter Ausgangspunkt für den Kappadokienurlaub. Das Städtchen wird von einem 60 m hohen Burgfelsen überragt, der gleichzeitig Hauptattraktion des Ortes ist. Zu byzantinischer Zeit haben Siedler – unter ihnen auch hier viele Mönche – sein Inneres regelrecht durchlöchert und den Tuffstein begeh- und bewohnbar gemacht. Als Bollwerk und Aussichtspunkt war der Berg stets auch von großer militärischer und strategischer Bedeutung. Viele der Gänge und Höhlen sind heute verschüttet, alle anderen längst nicht mehr bewohnt. Über Innen- und Außentreppen gelangt man dennoch hinauf zum Gipfel und genießt dort einen grandiosen Panoramablick über Uçhisar im Süden und die Canyonlandschaft im Norden.

Touristinformation Uçhisar,
Kayabaşı Street No: 23,
www.goturkeytourism.com

3 Durchs Tal der Tauben

In den Canyons rund um Göreme kann man fantastische Tagestouren unternehmen. Eine beliebte Wanderung führt von Uçhisar am östlichen Ortsrand auf schmalem, sandigem Serpentinenpfad hinab ins Tal der Tauben. Unzählige, meist von Menschenhand geschaffene Öffnungen durchbohren die leuchtend-hellen Felswände, die mal zackig, mal sanft gewellt wie Sprühsahnehäubchen am Wegesrand aufragen. Vorsicht, hier herrscht reger Flugverkehr! Das liegt daran, dass etliche der einstigen Wohnhöhlen zu Taubenschlägen umfunktioniert wurden. Die Vögel brüten hier, und einmal pro Jahr kommen die Bauern der Region zum Ausmisten vorbei: Die Exkremente werden gesammelt und als Dünger auf den umliegenden Feldern und in den Weingärten verstreut. Ein weiteres, landschaftlich im doppelten Wortsinn reizvolles Wandergebiet ist das »Liebestal« nordwestlich von Göreme. Warum es so heißt? Das muss jeder selbst rausfinden.

Von Uçhisar durchs Taubental nach Göreme ca. 6 km (1,5 h), leichte Wanderung, feste Schuhe!

Beste Reisezeit

Göreme liegt 1100 m, Uçhisar 1300 m über dem Meeresspiegel: Die Saison endet im Oktober und beginnt erst im Mai. Beste Reisezeiten sind der Früh- und Spätsommer. Im Mai sind die Nächte noch kühl, im Hochsommer ist es warm, aber nicht unerträglich heiß.

In den Tuffstein gebaut und natürlich auch mit Tuffsteinblick: die Sultan Caves Suites in Göreme.

4 Derinkuyu – Stadt im Erdreich

Wem die Höhlenbauten in und um Göreme nicht imposant genug sind: Rund 35 km südlich versteckt sich bei Derinkuyu eine ganze Stadt im Erdreich. Sie wurde nicht etwa verschüttet, sondern komplett unterirdisch aus dem Tuffstein gegraben. Wer macht denn so was? Die Hethiter vor über 4000 Jahren, vermuten zumindest Archäologen. Seine heutige Gestalt und Form verdankt das Labyrinth aus Höhlen und Tunneln, das sich über acht Untergeschosse in die Tiefe windet, wohl christlichen Siedlern der Spätantike und des frühen Mittelalters. Suchten sie hier Zuflucht vor Feinden – oder lebten sie freiwillig in ewiger Dunkelheit? Es gibt noch viele Geheimnisse zu lüften. Aber unverhofft kommt oft. Auch Derinkuyu hat man in den 1960er-Jahren durch einen Zufall entdeckt, und bis heute wurde nur etwa ein Viertel der Anlage freigelegt und für Besucher erschlossen. Eine ähnliche, aber nicht ganz so spektakuläre Ausgrabungsstätte befindet sich übrigens in Kaymakli, etwas weiter nördlich. Wissenschaftler gehen davon aus, dass sich unter Kappadokien noch Dutzende weiterer unterirdischer Siedlungen verbergen.

Nördlich des Stadtzentrums,
50700 Derinkuyu,
www.muze.gov.tr/en/museums

Argos in Cappadocia

Spektakuläres Höhlenhotel in einer alten Klosteranlage. Hier flackert auch tagsüber warmes Kerzenlicht, und in den Zimmern und Suiten – letztere mit offenem Kamin und Privatpool – kann man buchstäblich aus dem Alltag abtauchen.
Kayabaşı Street No: 23, 50240 Uçhisar,
www.argosincappadocia.com

Sultan Caves Suites

In den mit schweren Teppichen, ansonsten aber schlicht und edel ausgestatteten Suiten würde man gerne tausendundeine Nacht verbringen. Besonders schön sind die Zimmer mit Balkon und weitem Blick über die Feenkamine rund um die Stadt.
Aydinli Mah. Aydinli Sok. No: 40,
50180 Göreme,
www.sultancavesuites.com

Lil'a Restaurant

Die Aussicht von der Dachterrasse des Lil'a ist eine Wucht. Und auch die Küche betört die Sinne – mit virtuosen Neuinterpretationen alter Rezepte aus Anatolien und der Region.
Tekelli Mah. No: 1 (im Museum Hotel),
50240 Uçhisar, www.lil-a.com.tr

İnci Cave Restaurant

Die in Stein geschlagenen Separees des Hauses sind perfekt für ein Dinner zu zweit. Doch auch auf der Terrasse schmecken gefüllte Paprikas, Lammfleisch und Grillgemüse hervorragend.
Orta Mahalle, Harim Sk. No: 22,
50180 Göreme,
www.incicaverestaurant.com

Welt

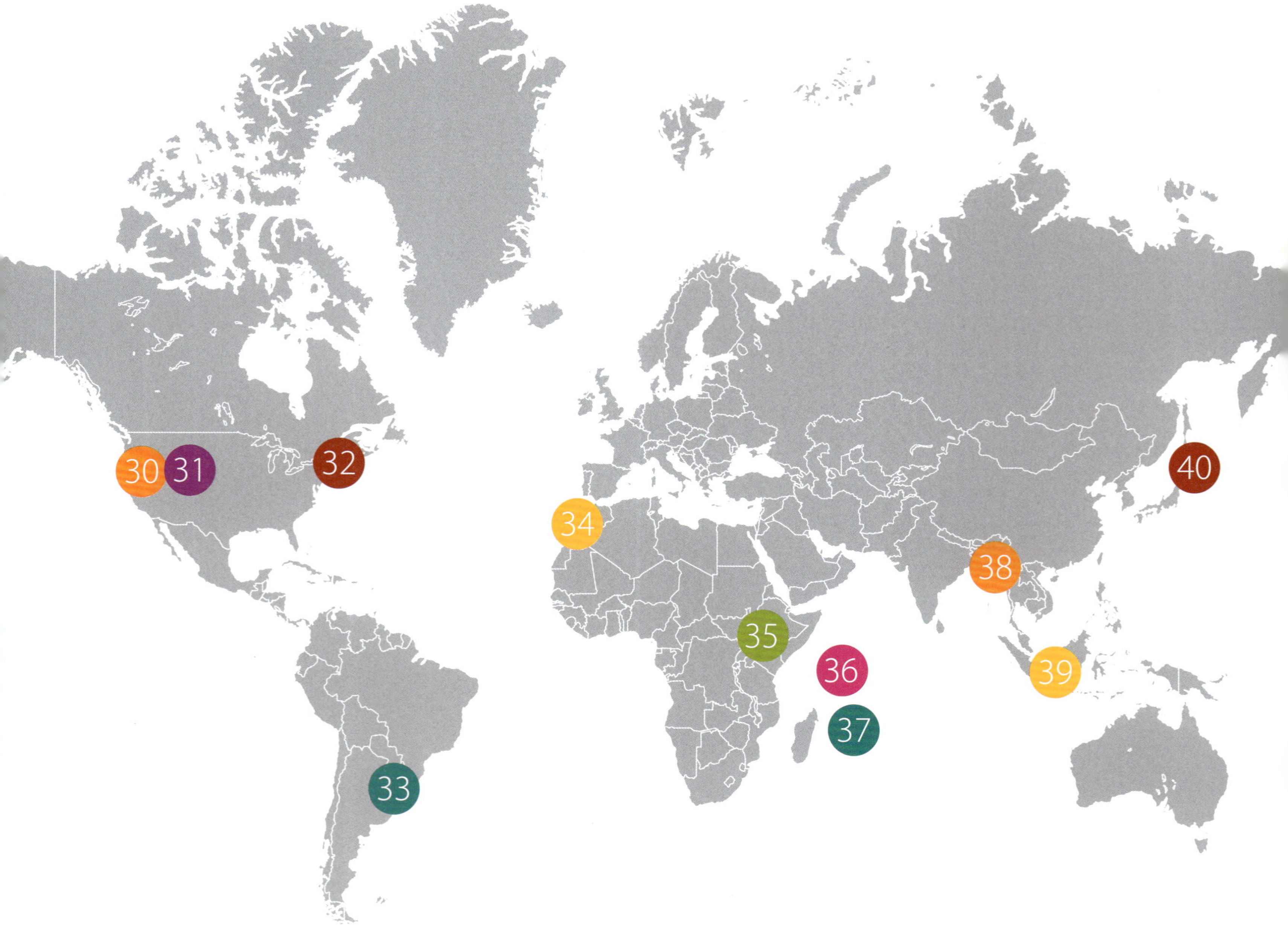

»Das Geheimnis des Glücklichseins ist, Versuchungen nachzugeben.«

Oscar Wilde

Schlafplatz, Campingküche und vier Räder: Nicht viel mehr braucht man für diese Abenteuertour, die auf dem berühmten Highway One an der spektakulären Pazifikküste nach Nordkalifornien führt.

30 Mit dem Bulli nach Big Sur

Kalifornien, USA

Guck mal, Zebras! Tatsächlich: Bei San Simeon grasen die gestreiften Steppenpferde friedlich zwischen kalifornischen Rindern. Einige Autos fahren rechts ran, um sie aus nächster Nähe zu fotografieren. Viele erkennt man aber nur als schwarz-weiße Punkte in der Ferne, verstreut im Weideland am Fuße der Santa Lucia Mountains. Ausgewildert hat sie vor rund 100 Jahren der US-Medienmagnat William Randolph Hearst. Seine von Palmen und Zypressen gesäumte Prachtvilla thront auf einer Anhöhe und kann besichtigt werden (www.hearstcastle.org) – der Abstecher lohnt sich. Nur knapp 170 Kilometer liegen zwischen San Simeon und Santa Barbara, dem Startpunkt der heutigen Etappe. Aus dem Staunen kommt man aber gar nicht mehr heraus – und deshalb auch nur im Schneckentempo voran: Eben noch im Städtchen Solvang Plundergebäck vor dänischen Windmühlen gefrühstückt, dann die Zebras, und was kugelt denn da genüsslich am Strand in der Sonne? Mit der Seeelefantenkolonie am Point Piedras Blancas folgt gleich noch ein tierisches Highlight. Ein Roadtrip auf dem legendären Highway One von Los Angeles Richtung Norden zur Monterey Peninsula zählt sicherlich zu den reizvollsten und abwechslungsreichsten Abenteuern, die Kalifornien zu bieten hat. Stilecht ist man hier natürlich im Retro-Bulli unterwegs. Eine ganze Flotte hat Vintage Surfari Wagons in Costa Mesa südlich von Los Angeles liebevoll restauriert. Ein Großteil der nostalgischen Klassiker lief Ende der 1970er-Jahre vom Band und kann online gebucht werden. An der rund 620 Kilometer langen Route laden kleine und größere Campingplätze zum Übernachten ein, einige davon direkt am Meer. Am schönsten kuschelt es sich jedoch unter duftenden Redwoodbäumen in Big Sur. Das einstige Mekka der Hippies, Künstler und Sinnsucher, das sich an der zerklüfteten Pazifikküste im Wald versteckt, ist landschaftlicher Höhepunkt der Tour. Doch bis dahin gibt es ja noch so viel zu sehen!

www.vwsurfari.com
www.visitcalifornia.com

1 The Getty Center

Das »Getty« zählt zu den spannendsten Kunstmuseen Kaliforniens und bietet ganz nebenbei auch noch einen umwerfenden Ausblick auf Los Angeles. Die ebenso umfassende wie hochkarätige Sammlung geht auf den Ölmagnaten und Multimilliardär J. Paul Getty (1892–1976) zurück. Seinen Nachlass verwaltet bis heute eine Stiftung, die Ende der 1990er-Jahre mit dem Getty Center ein Kunst- und Kulturmekka der Superlative ins Leben rief. Auf dem rund 40 Hektar großen Areal auf einer Anhöhe am Fuße der Santa Monica Mountains sind neben dem Museum auch mehrere Forschungs- und Bildungseinrichtungen untergebracht. Umrahmt wird das alles von einer riesigen Gartenanlage. Hier flaniert und staunt man erst einmal ein Weilchen. Und ansehen? Kann man sich Kunst aus Antike, Mittelalter und Renaissance, vor allem aber epochale Meisterwerke von Rembrandt über van Gogh und Gauguin bis Monet. Für die Anreise auf dem I-405 sollte man einen dicken Zeitpuffer einplanen – der Stau in L. A. ist schlimmer als sein Ruf. Der perfekte Soundtrack fürs Stop-and-go: »Traffic Jam« von James Taylor.

1200 Getty Center Drive,
Los Angeles, CA 90049–1679,
www.getty.edu

Nur wir zwei

Wie wär's zur Abwechslung mit einem Trip in die Wüste? Den landschaftlich einzigartigen **Joshua Tree National Park** erreicht man ab Costa Mese in rund drei Stunden. Im Gebiet gibt es mehrere Campingplätze. Der Clou: Viele von ihnen sind in kleine, von Felsen flankierte Parzellen unterteilt, die wiederum mit einem Grill ausgestattet sind. Nachbarn? Gibt es, aber man sieht sich nicht. Zum Sonnenuntergang klettert man auf einen der runden Steinkolosse, nachts träumt man unter leuchtendem Sternenhimmel. Unbedingt eigenes Wasser mitbringen!
74485 National Park Drive, Twentynine Palms, CA 92277, www.nps.gov/jotr

2 Santa Barbara und Solvang

»Kalifornische Riviera« wird Santa Barbara auch genannt, und hier überquert man gewissermaßen die Wetterscheide des Bundesstaats: Während die Nächte weiter nördlich selbst im Sommer kühl werden können, zirpen an Santa Barbaras State Street abends noch die Grillen in den Jacaranda-Bäumen. Die belebte Flaniermeile mit ihren vielen Cafés, Bars und Restaurants führt vom Pier und Strand hinauf zur alten spanischen Missionskirche (18. Jh.), einer der wichtigsten Sehenswürdigkeiten der Stadt. Folgt man der Straße Richtung Nordwesten, erreicht man das hübsche, einst von Dänen gegründete Städtchen Solvang, das ganz im skandinavischen Holzhausstil gehalten ist. Auf dem Weg dorthin laden die Rastplätze am Cachuma-Stausee zu einem Päuschen ein.

Touristinformation Santa Barbara,
1 Garden Street, Santa Barbara, CA 93101,
www.santabarbaraca.com

3 Die Küste von Big Sur

Red Hot Chili Peppers? Okay! Im Idealfall liegt das Album »Californication« griffbereit auf dem Armaturenbrett. Es ist noch gar nicht so lange her, da gab die Band ein Überraschungskonzert in der Henry Miller Memorial Library, einer zauberhaft zwischen den Redwoods versteckten Eventlocation am Highway One (www.henry-miller.org). Zwar hat die popkulturelle Verve der Region an Dynamik verloren, doch unglaubliche Naturerlebnisse bietet die Küste von Big Sur allemal. Fuß vom Gas, heißt hier die Devise, denn schon ab Ragged Point, wenn sich die Straße langsam und kurvig bis hoch über den Pazifik schraubt, folgt ein spektakulärer Aussichtspunkt auf den nächsten. Rund um den Pfeiffer Big Sur State Park liegen mehrere Campingplätze; von hier führen Wanderwege in die umliegende Wildnis. Weiter nördlich sollte man einen Fotostopp an der legendären Bixby Creek Bridge einlegen – einer der schönsten Brücken der Welt.

Pfeiffer Big Sur State Park,
41 km südl. von Carmel am Highway One,
www.parks.ca.gov

Beste Reisezeit

Im April und Mai überzieht ein Teppich aus Wildblumen die Küste von Big Sur. Auch September und Oktober sind eine gute Reisezeit. Ab Juni wird es neblig und im August voll. Mit kühlen Nächten muss man an der nordkalifornischen Küste auch im Sommer rechnen.

Dezenter Luxus, als Hütte getarnt: Deetjen's in Big Sur gibt es schon seit den 1930er-Jahren. Bis heute kommen abenteuerlustige Gäste, die sich auch ein bisschen verwöhnen lassen möchten.

4 Carmel by the Sea

Wenn sich im Sommer, wie so oft, dichter Nebel über die Küste schiebt, wirkt Carmel noch weltentrückter. Die See ist hier kalt und rau, der Sandstrand weit, weiß und von Felsen und Dünen gesäumt. Dahinter ragen bunte Holzhäuschen auf. Die Szenerie erinnert an Südengland. Auf dem windumtosten »17 Mile Drive« erreicht man Monterey. Am Rande der Panoramastraße trotzt schon seit Jahrhunderten die »Einsame Zypresse« Wind und Wetter – sie ist das Wahrzeichen der Region.

Touristinformation Carmel,
Ocean Avenue (Carmel Plaza), Carmel,
CA 93923, www.carmelcalifornia.com

5 Monterey

John Steinbecks »Die Straße der Ölsardinen« (1945) hat Monterey berühmt gemacht. Fisch landet hier aber längst nicht mehr in Konservendosen, und in die alten Fabrikhallen an der Cannery Row sind Restaurants, Eiscafés und Galerien eingezogen. Der Ort und das Meer sind trotzdem noch aufs Innigste verbunden: Das Monterey Bay Aquarium (www.montereybayaquarium.org) zählt zu den berühmtesten des Landes, und von den Docks legen die Schiffe zum Whalewatching ab.

Touristinformation Monterey,
401 Camino El Estero, Monterey, CA 93940,
www.seemonterey.com

Deetjen's Big Sur Inn

Wer nach längerer Bullitour wieder Lust auf ein echtes Bett bekommt: Deetjen's bietet rustikalen Luxus mit Blockhüttencharme – umgeben vom würzigen Duft der California Redwoods. Idealer Ausganspunkt auch für Wanderungen!
48865 Highway One, Big Sur, CA 93920, www.deetjens.com

Petros

Griechische Klassiker werden hier mit kalifornisch-mediterraner Finesse verfeinert. Und die Küche erfüllt gerne auch den einen oder anderen Extrawunsch. Besonders schön sind die Tische rund um den Springbrunnen im Patio.
1316 State Street, Santa Barbara, CA 93101, www.petrosrestaurant.com

Nepenthe

Noch immer umweht ein Hauch von Hippieflair das legendäre Café-Restaurant hoch über Steilküste von Big Sur. Spektakulär ist der Blick von den Plätzen an der Holzballustrade hinterm Haus. Hier kann man kalifornische Küche oder abends auch nur einen Drink genießen.
48510 Highway One, Big Sur, CA 93920, www.nepenthe.com

Corkscrew Café

Verstecktes Juwel im von sanften Hügeln und Weinlagen geprägten Carmel Valley. High ight ist der eingewachsene Garten des Restaurants. Neben Kaffee und Wein wird ambitionierte kalifornische Küche mit Gemüse aus eigenem Anbau serviert.
55 W Carmel Valley Rd, Carmel Valley, CA 93924, www.corkscrewcafe.com

31 Vegas, Baby!

Las Vegas, USA

Wer hier ankommt, hat's geschafft? Das gilt für die vielen USA-Reisenden, die nach staubiger Mietwagen-Odyssee ihren Weg nach Nevada gefunden haben, für Sänger, Magier und Akrobaten, die mit eigener Show in einem der Luxushotels durchstarten, aber auch für Arbeiter und Verwaltungsangestellte, deren Erspartes endlich ausreicht, um im schillerndsten Vergnügungspark der Welt für ein Wochenende dem Alltag zu entfliehen. Andere servieren bis zum Morgengrauen Longdrinks an den Blackjack-Tischen oder spülen Teller im Akkord. »I'm leaving Las Vegas«, beteuert Sheryl Crow in ihrem gleichnamigen Hit aus dem Jahr 1994. Und so manchem Glücksritter, der hier für immer gestrandet ist, liegt die Melodie bis heute auf den Lippen. Las Vegas polarisiert, zweifellos. Doch ohne die von Hoffnung und Sehnsucht durchtränkten Schattenseiten der Stadt wäre ihr strahlendes Neonlicht wohl nur halb so verführerisch. Hier ein paar Münzen in einen blinkenden Automaten, dort eine Handvoll Jetons aufs Roulettetableau werfen, das gehört in Las Vegas dazu. Der wahre Kick wartet jedoch draußen unter freiem Himmel: Zur blauen Stunde erstrahlen die Lichter der Casinometropole, so wie Wüstenblumen nach einem Regenguss aufblühen; am eindrucksvollsten erlebt man das Spektakel von einer der vielen Rooftopbars. Unten am Strip ziehen die Nobelherbergen ihre Gäste mit aufwendig gestalteten Themenparks in ihren Bann, und in den Hochzeitskapellen rundherum geben sich jeden Abend Hunderte Paare das Jawort. Aus dieser Traumwelt erwachen kann man in Nevadas einsamen Wüsten. Beim Wandern durch die sengend heiße Stille wird einem klar: Las Vegas muss eine Fata Morgana sein – wie sonst hätte diese Stadt an diesem Ort der Welt entstehen können?

www.visitlasvegas.com/de

Ein Traum aus Licht und Luxus: Die Magie der Stadt, aber auch der geringe bürokratische Aufwand locken Hochzeitspaare aus aller Welt an. Jedes Jahr werden hier etwa 115 000 Ehen geschlossen.

Bellagio
Zentral am Strip gelegenes Hotel der Superlative, das für seinen künstlichen See mit Megafontänen bekannt ist. Die Anlage bietet einen Spa- und Fitnessbereich, zwei Sternerestaurants, mehrere Hochzeitskapellen, eine Kunstgalerie und natürlich Glücksspiel ohne Ende.
3600 S Las Vegas Blvd, Las Vegas, NV 89109, www.bellagio.com

Vdara Hotel & Spa
Das Vdara bietet futuristische Eleganz ohne Spieltische und ist ideal für alle, die ihr Glück in der Liebe und nicht im Casino suchen. Spektakulärer Außenpool zwischen verspiegelten Hochhausfassaden. So weit oben wie möglich buchen!
3752 S Las Vegas Blvd, Las Vegas, NV 89158, www.mandarinoriental.com/las-vegas

Sparrow and Wolf
Experimentierfreudige Fusion-Küche, die Einflüsse aus aller Welt aufgreift und in kunstvoll-köstliche Happen verwandelt. Eines der besten Restaurants der Stadt abseits des Strip. Unbedingt reservieren.
4480 Spring Mountain Rd, Suite 100, Las Vegas, NV 89102, www.sparrowandwolflv.com

Sage Restaurant
Stimmungsvoll-intimer Gourmettempel im Aria Resort, der mit innovativer amerikanischer Küche, Top-Weinauswahl und zuvorkommendem Service punktet.
3730 S Las Vegas Blvd, Las Vegas, NV 89109, www.aria.com > Restaurants

Auch eine Art Glücksspiel: Nach nur einem Regenguss blüht um Las Vegas die Wüste auf.

1 The Strip

Puh, wo anfangen? Den Las Vegas Boulevard, kurz »Strip« genannt, als Flaniermeile zu bezeichnen, wäre arg verniedlichend. Die hypnotisierende Hauptschlagader der Stadt ist fast 7 km lang! Am fantasievollsten sind die Luxushotels am South und Mid Strip zwischen Tropicana und Sands Avenue. Hier gleicht Las Vegas einer grellen Weltausstellung: Rund um das »Venetian« trällern Gondolieri italienische Volkslieder, am »New York – New York« empfängt die Freiheitsstatue die Glücksritter der Nacht, und vor dem »Las Vegas Paris« ragt eine gar nicht mal so kleine Miniaturversion des Eiffelturms in den Himmel. Dazwischen in leuchtenden Neonlettern weltbekannte Namen wie »MGM«, »Mirage« oder »Luxor« – alle bieten Spielhallen so groß wie Fußballfelder, aber auch spektakuläre Architektur und Shows. Das charmante Las Vegas alter Schule hingegen erlebt man in Downtown nördlich des Strip. Hier sollt man sich unbedingt das »Mob Museum« (www.themobmuseum.org) ansehen, das auch die Geschichte der Mafiabosse erzählt, die die Stadt Mitte des 20. Jh. kontrollierten.

Touristinformation Las Vegas, 3150 Paradise Road, Las Vegas, NV 89109–9096, www.visitlasvegas.com

2 Blitzhochzeit in Vegas

Wenn die Liebe aufs Gaspedal drückt, kann man an der Little White Wedding Chapel, einer der berühmtesten Hochzeitslocations der Stadt, auch im Auto heiraten. Selbstverständlich rund um die Uhr – und gegen Aufpreis sogar im pinken Cadillac. Noch mehr Staffage und Show bieten die Hochzeitspakete von Viva Las Vegas Weddings. Besonders gefragt sind, man ahnt es, alle Angebote inklusive Elvis-Imitator. Wer es bescheidener mag, tauscht in der niedlichen Graceland Wedding Chapel die Trauringe. Auch Rocklegende Jon Bon Jovi hat hier geheiratet.

www.alittlewhitechapel.com, www.vivalasvegasweddings.com, www.gracelandchapel.com

3 Hoover Dam und Lake Mead

Nicht nur Las Vegas verdankt seine glanzvolle Existenz dem über 200 m hohen Hoover Dam. Die Turbinen an der riesigen Talsperre, die hier schon in den 1930er-Jahren aus dem Wüstenboden gestampft wurde, versorgen auch Kalifornien mit Elektrizität. Gleichzeitig ist Lake Mead, vom Wasser des Colorado River gespeist, für Los Angeles und San Diego eine überlebenswichtige Trinkwasserquelle. Technik und Natur verschmelzen rund um das Megabauwerk zu einem eindrucksvollen Ensemble, das man am besten beim Fußmarsch über die Staumauer bewundert. Rund um den See erstreckt sich ein weitläufiges Erholungs- und Naturschutzgebiet. Vom Boulder Beach am Westufer kann man sogar ins Wasser springen! Ein Besuch lohnt sich auch im nahe gelegenen Boulder City. Das nostalgische Städtchen wurde einst als Quartier für die unzähligen Arbeiter gegründet, die am Bau des Hoover Dam beteiligt waren.

Lake Mead National Recreation Area, 601 Nevada Way, Boulder City, NV 89005, www.nps.gov/lake

Beste Reisezeit

Las Vegas ist ein beliebtes Wochenendziel. In Ruhe und günstiger genießt man die Stadt von Dienstag bis Donnerstag. Angenehmes Sommerwetter herrscht von März bis Mai und Mitte September bis November. Wer die traumhafte Wildblüte in der Wüste erleben will, reist zwischen Februar und Mai an.

4 Red Rock Canyon

Las Vegas ist umringt von State Parks und eindrucksvollen Naturschutzgebieten inmitten der Wüste. Hier kann man durchatmen und sich vom Neonlichtgewitter der Stadt erholen. Am schnellsten erreichbar ist der Red Rock Canyon, rund 30 km westlich von Downtown. Backsteinrote, von gelben Gesteinsschichten durchzogene Felsen überragen hier tief eingeschnittene Schluchten. Den Park erkundet man auf einer kreisförmigen Panoramastraße, von der viele, auch kürzere und leichte Wanderwege abzweigen. Ab dem späten Nachmittag versinkt die Natur in Stille und im Glutorange der Abendsonne.

Red Rock Canyon Visitor Center, 1000 Scenic Loop Drive, Las Vegas, NV 89161, www.redrockcanyonlv.org

5 Death Valley National Park

Im Sommer ist die Fahrt durch Death Valley eine Mutprobe, und man ist froh, wenn man es ohne Hitzschlag oder Autopanne zurück ins Hotel schafft. Im Herbst, Winter und Frühling bietet der Nationalpark jedoch Natur vom anderen Stern. Besonders spektakulär: die Aussichtspunkte Zabriskie Point und Dante's View, aber auch die Sanddünen bei Stovepipe Wells.

Death Valley Visitor Center, Furnace Creek (am Highway 190), Death Valley, CA 92328, www.nps.gov/deva

Nur wir zwei

Nicht um die Ecke, aber für US-Verhältnisse auch keine Weltreise: Rund vier Autostunden nordöstlich von Las Vegas versteckt sich in einem einsamen Tal im Bundesstaat Utah das luxuriöse **Amangiri Resort**. Die hellen, aus Kalkstein, Sichtbeton und Holz gebauten Suiten verschmelzen so harmonisch mit der Landschaft, dass man sie aus der Ferne mit bloßem Auge fast nicht erkennen kann. Vom Privatpool blickt man auf schroffe Bergketten, die sich in der Einsamkeit verlieren, und kann nachts die Sterne am Wüstenhimmel zählen. Vom Hotel aus sind einige der schönsten Nationalparks der USA schnell erreichbar – darunter Grand Canyon, Bryce Canyon und Monument Valley.

1 Kayenta Rd, Canyon Point, UT 84741, www.aman.com/resorts/amangiri

Herbst in den Green Mountains: Mit ihren vielen Bergen und Seen ist die Region ein ideales Outdoor-Revier und bietet den schönsten »Indian Summer« Neuenglands.

32 Grüne Berge, rotes Laub

Vermont, USA

Hier ein Drachenkopf, da eine Bärentatze, dort vielleicht ein Ampelmännchen, das jubelnd die Arme in die Luft wirft? Manchmal sehen die Blätter, die sich aus den Baumkronen am Lake Emerald lösen und dann lautlos auf dem Wasser landen, auch wie leuchtende Herzen aus. Es macht Spaß, ihnen beim Tanz durch die Luft – ihrem ersten und letzten Höhenflug in diesem Jahr – zuzusehen und ihre Umrisse als Bilder zu deuten. Wir befinden uns in Vermont, genauer gesagt in den Green Mountains im Osten des US-Bundesstaats. Nach Kanada ist es nicht weit, und dank der vielen Seen, die sich zwischen Wäldern und sanften Hügeln verbergen, ist der Herbst doppelt so schön, weil sich das bunte Laub als farbenfrohes Mosaik im Wasser spiegelt. »Leaf Peepers« (»Blattgucker«) nennt man in Neuengland all jene, die Jahr für Jahr in den Osten der USA pilgern, um dort der vergänglichen Schönheit des Herbstlaubs nachspüren. In welcher Region das am besten geht, wird immer wieder in Zeitungen und Magazinen diskutiert – und fast immer rangiert Vermont auf den vordersten Plätzen. Dort, wo sich die Wälder lichten, prägen Farmland und bezaubernde Dörfer die Szenerie. Viele Lebensmittel, die hier produziert werden, landen direkt auf dem Teller oder werden von den Bauern ab Hof verkauft. Wer dem Landsträßchen »Route 100« von Süden nach Norden folgt, passiert die reizvollsten Orte und kann links und rechts der Strecke mit dem Fahrrad, Kanu oder zu Fuß die Naturschätze Vermonts entdecken.

www.visit-vermont.com
www.visitnewengland.com

Inn on Putney Road

Apartes Bed & Breakfast östlich der Green Mountains, das in Flussnähe in einer altmodischen Villa untergebracht ist. Im lauschigen Garten kann man entspannen, rundherum gibt es viele Freizeit- und Wandermöglichkeiten.
192 Putney Road, Brattleboro,
VT 05301, www.vermontbandbinn.com

Heart of the Village Inn

Familiär geführtes Bilderbuchhotel im viktorianischen Stil unweit der Shelburne Bay am Lake Champlain. Die Zimmer sind recht unterschiedlich gestaltet. Tipp für Romantiker: die mit altem Scheunenholz verkleidete Bostwick Suite.
5347 Shelburne Road, Shelburne,
VT 05482, www.heartofthevillage.com

Honey Road

Das Honey Road ist Foodie-Mekka und zugleich beliebter Treffpunkt in der Hafenstadt Burlington. Auf der Karte stehen vor allem Spezialitäten aus dem östlichen Mittelmeerraum, die als hippe Meze-Häppchen serviert werden.
156 Church Street, Burlington, VT 0540,
www.honeyroadrestaurant.com

Down Home Kitchen

Bunter, quirliger Nachbarschaftstreff in der Altstadt von Montpelier. Hier brutzeln die Country Steaks wie einst bei Muttern in der Pfanne, und vor der Terrasse sprießt frisches Gemüse aus den Blumentöpfen. Perfekt auch für Kaffee, Snacks und Frühstück.
100 Main Street, Montpelier, VT 05602,
www.downhomekitchenvt.com

1 Green Mountain Forest

Dutzende Gelb-, Orange- und Rottöne mischen sich ab September ins satte Sommergrün der Green Mountains und streifen den Mischwäldern auf ihren Gipfeln ein leuchtendes Herbstgewand über. Das bis zu 1400 m hohe Mittelgebirge flankiert den Osten Vermonts und erstreckt sich von der kanadischen Grenze südwärts bis Massachusetts. Weite Teile des Gebiets sind Wildnis und stehen unter strengem Naturschutz. Alles, was Motoren hat und knattert, ist hier tabu. Fahrräder und Bergstiefel wiederum sind erlaubt, und so finden sich in der Region einige der schönste Mountainbike-Routen und Wanderwege Neuenglands. Auch Teile des berühmten Appalachian Trails (www.appalachiantrail.org) führen durch den Bundesstaat. Auf seinen Seitenpfaden ist man oft ganz alleine unterwegs, traumwandelt vorbei an Seen, rauschenden Bächen und Wasserfällen – oder klettert hinauf zu einsamen Bergkuppen aus blankem Fels, von denen der Blick weit übers bunte Blätterdach der Wälder schweift.

Manchester Ranger Station,
2538 Depot Street, Manchester Center,
VT 05255, www.fs.usda.gov/main/gmfl

2 Dorfläden in Weston

Einkaufen wie zu Großmutters Zeiten – in den General Stores in Neuengland geht das noch heute. Vom Schuhspanner bis zum Himbeerkonfekt bekommt man hier alles, was man im Leben so braucht. Und noch dazu etliche Dinge, von denen man nie geahnt hätte, dass man sie brauchen könnte! Viele der Kramerläden wirken so antiquiert, dass man sich wie im Museum fühlt. Doch die überbordende Nostalgie hat natürlich Methode: Kaum ein Fremder fährt hier einfach vorbei. Zu den schönsten Dorfläden der Region zählen der Vermont Country Store im hübschen Dörfchen Weston, der mit seiner nicht minder bezaubernden Konkurrenz auf der gegenüberliegenden Straßenseite um die Aufmerksamkeit durchreisender Kundschaft buhlt.

660 Main St, Weston, VT 05161,
www.westonvillagestore.com

3 Ben & Jerrys Factory

Farbenfroh ist auch die Kulteiscreme der Firma Ben & Jerry's, die in Vermont Ende der 1970er-Jahre das erste Mal angemischt wurde. Mit kleinem Startkapital und großen Träumen eröffneten die Schulfreunde Jerry Greenfield und Ben Cohen damals in Burlington am Lake Champlain ihre erste Filiale, und eine zuckersüße Erfolgsgeschichte nahm weltweit ihren

Beste Reisezeit

Der »Indian Summer« beginnt je nach Witterung schon im Spätsommer. Seinen Höhepunkt erreicht das leuchtende Naturschauspiel zwischen Mitte/Ende September und Mitte Oktober. Der Herbst gilt als beliebteste Reisezeit, Unterküfte sollte man rechtzeitig buchen!

Auch Ahornsirup ist ein Spezialität Vermonts – die Auswahl in den Dorfläden oft gigantisch.

Lauf. In den Nullerjahren wurde das Unternehmen dann zum Entsetzen vieler Fans vom britisch-niederländischen Lebensmittelgiganten Unilever aufgekauft. Die Firmenzentrale befindet sich jedoch bis heute in Waterbury, Vermont. Der Besuch mit Führung lohnt sich für Liebhaber der Marke schon deshalb, weil in den USA über 50 Geschmacksrichtungen erhältlich sind, während Ben & Jerry's in Deutschland bislang nur rund 18 Varianten im Sortiment hat. Bekannt ist Waterbury aber auch für seinen Cider, eine Spezialität der Region. Wie er hergestellt wird, kann man sich ein paar Kilometer weiter nördlich in der Cold Hollow Cider Mill (www.coldhollow.com) ansehen.

1281 Waterbury Stowe Rd Route 100, Waterbury, VT 05676, www.benjerry.com

4 Stowe

Die schlanken, weißen Türme neuenglischer Kirchen prägen das Stadtbild von Stowe, das sich in einem Talkessel an die umliegenden Hügel schmiegt. Vor allem im Herbst, wenn die Baumkronen in und um den Ort in satten Farben zu leuchten beginnen, erlebt man hier Bilderbuchidylle. Stowe ist zudem ein perfekter Ausgangspunkt für Wanderungen auf den nordöstlich gelegenen Mount Mansfield (1400 m), den höchsten Berg Vermonts. Wer seinen Urlaub verlängern möchte: Rund um den Gipfel erstreckt sich das beliebte Stowe Mountain Resort, ein Skigebiet mit breitem Wintersportangebot.

Stowe Visitors Center, 51 Main Street, Stowe, VT 05672, www.gostowe.com

5 Montpelier

Wer nach all den Naturerlebnissen zur Abwechslung ein wenig Stadtluft schnuppern möchte, kann das Montpelier tun. Vermonts Mini-Kapitale ist die kleinste aller US-Bundesstaaten, bietet aber dank der vielen Studenten ein pulsierendes Kulturleben und vor allem eine sehr lebendige Gastronomieszene.

Montpelier Visitor Center, 134 State Street, Montpelier, VT 05633, www.montpelieralive.com

Nur wir zwei

Eben fährt man noch auf Asphalt, plötzlich findet man sich im dichten Wald wieder: Die **Vermont Tree Cabin** östlich von Montpelier ist gut erreichbar, und doch fühlt man sich wie im Dschungel. Eine steile Holztreppe führt hinauf zur Hütte mit geräumiger Deckterrasse. Hier frühstückt man unterm Blätterdach, wirft abends gemeinsam Steaks und Maiskolben auf den Grill oder lauscht im heißen Hot Tub dem Abendlied der Vögel. Das Häuschen ist mit einem kleinen Schlafzimmer und einer gemütlichen Wohnküche ausgestattet. Sich selbst zu versorgen ist kein Problem; Einkaufsmöglichkeiten erreicht man in wenigen Minuten. Für die kühleren Herbsttage gibt es natürlich auch eine Heizung.
2860 Daneils Farm Rd, Waterford, VT 05819, www.vermonttreecabin.com

In La Boca und vielen anderen Stadtteilen von Buenos Aires wird der Tango Argentino geradezu zelebriert. An normalen Wochentagen finden im Stadtgebiet gut ein Dutzend Tanzveranstaltungen statt – am Wochenende doppelt so viele.

33 Darf ich bitten?

Argentinien

Autsch! Eigentlich kann man sich in Argentinien gar nicht auf die Füße steigen. Das südamerikanische Land ist fast acht Mal so groß wie die Bundesrepublik, hat aber nur halb so viele Einwohner. Etwas mehr als 44 Millionen sind es insgesamt; wobei der Großteil in den Städten lebt – allen voran in Buenos Aires. Und hier passiert es dann doch hin und wieder. »Eins, zwo, eins, zwo« treiben die Mollakkorde des Klaviers das Bandoneon-Solo im Zweivierteltakt vor sich her, während rundherum Beine und Hüften durch den Saal wirbeln. Natürlich landen Absatz oder Ledersohle dabei nicht immer dort, wo sie sollen. Schließlich ist noch kein Meister vom Himmel gefallen. Und gerade deshalb ist Buenos Aires der perfekte Ort, um den Tango Argentino zu lernen. Fast jedes Hotel vermittelt Tanzlehrer, und in den vielen Milongas der Stadt – oder an lauen Sommerabenden auch einfach unter freiem Himmel – kann man die einstudierten Schritte nicht nur üben, sondern mit Leidenschaft leben. Vor den Toren der Metropole wiederum gibt die Natur den Takt vor und die Intimität des Tangos wird von unendlicher Weite abgelöst. Wohl kaum einer verlässt Argentinien, ohne auch in seine faszinierenden Landschaften einzutauchen. Im Norden und Osten warten Savannen, Regenwälder und monumentale Wasserfälle, im Westen und Süden die Anden und das wilde Patagonien mit himmelhohen Gipfeln, Gletschern und so manchem unvergesslichen Abenteuer. Dort sollte man die Tanzschuhe möglichst schnell in Wanderstiefel eintauschen!

www.turismo.buenosaires.gob.ar/en

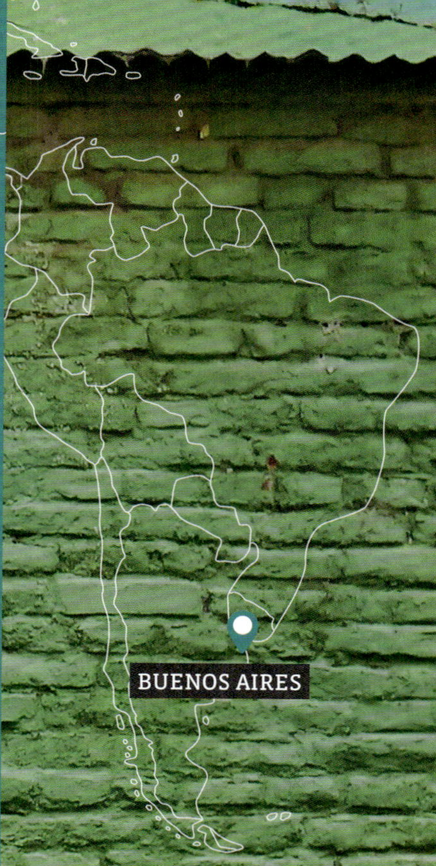

1 Buenos Aires

So riesig, so lebendig, so schnell: Buenos Aires ist eine Stadt der Superlative. Fast ein Drittel aller Argentinier lebt in der Metropolregion, die mit 2200 qkm fast so groß wie das Saarland ist. Die Stadt selbst gliedert sich in 48 Stadtteile; 40 000 Taxis drehen hier Tag für Tag ihre Runden, es gibt fast eine halbe Million Studenten und rund 200 Theaterbühnen – das sind mehr als in Paris oder New York. Gleichzeitig fühlt sich das südeuropäische Flair der Stadt vertraut an, und ihr Schachbrettgrundriss hilft bei der Orientierung. Wo ist es am schönsten? Besonders sehenswert ist das karibisch anmutende Hafenviertel La Boca mit seinen bunt bemalten Wellblechfassaden. San Telmo lockt mit pittoresken Plätzen, viel Lokalkolorit, Tangocafés und Flohmärkten. Im viergeteilten Barrio Palermo haben Künstler und Bohemiens Quartier bezogen, und beim Bummel von der Plaza de Mayo im Zentrum zu den östlich gelegenen, modernen Docks von Puerto Madero erlebt man, wie Globalisierung und Finanzwirtschaft auch Buenos Aires ihren Stempel aufdrücken. Besonders erlebenswert ist Buenos Aires im Frühling und Herbst, wenn rund um die Boulevards der Stadt die leuchtendvioletten Jacaranda-Bäume blühen. Für Opernfans ein Muss: ein Abend im Teatro Colón, das zu den schönsten Spielstätten der Welt zählt.

Nur wir zwei

Warum nicht das Angenehme mit dem Leidenschaftlichen verbinden? Im **Apassionata Tango Hotel** logiert man mit einem Hauch von Boheme im Herzen von Buenos Aires und lernt gleichzeitig, wie man mit eingehaktem Bein und feurigem Blick stilecht Tango tanzt. Das Hotel hat einen eigenen Tanzsaal und bietet Gruppenkurse und Privatunterricht an. Zudem werden regelmäßig Ausflüge zu Milongas, Tangokonzerten, Tanzfestivals und auch zu Fachgeschäften organisiert, in denen man sich passend einkleiden kann. *El tango te espera!* Wer Angst hat, seinem Schatz auf die Füße zu steigen, kann mit etwas Glück eines der acht Themenzimmer des Hotels auch nur zur Übernachtung buchen.
Appassionata Tango Hotel, Pasco 272, 1081 Buenos Aires, www.apassionata-tango.com

Touristinformation Buenos Aires,
Calle Florida 150, 1005 Buenos Aires,
www.turismo.buenosaires.gob.ar/en

2 Abenteuer Ruta Nacional 40

Auf einer Länge von 5300 km windet sich die Ruta Nacional 40 von der bolivianischen Grenze bis ins südliche Patagonien – und am Abra el Acay (4950 m) noch dazu hinauf zum höchsten befahrbaren Gebirgspass der Welt. Nichts für Komforturlauber, für Abenteuerlustige aber die spannendste Art und Weise, die ganze, atemberaubende Vielfalt Argentiniens zu erleben.

Von der bolivischen Grenze im Norden bei La Quiaca (Provinz Jujuy) bis Río Gallegos (Provinz Santa Cruz) im Süden

3 Iguazú-Wasserfälle

Es rauscht und donnert. Die Gischt steigt als fein zerstäubter Nebel über den tosenden Kaskaden auf und vermischt sich mit der schwülwarmen Luft. Dichter Regenwald säumt die 20 riesigen und über 250 kleineren Wasserfälle von Iguazú im gleichnamigen Nationalpark an der brasilianischen Grenze, die hier mit einer Fallhöhe von bis zu 80 m wild und urgewaltig in die Tiefe stürzen. Schon seit Jahrzehnten zählt das Naturwunder zum Welterbe der Unesco und ist daher bestens auf Besucher eingestellt. Erkunden kann man es auf etlichen Rundwegen. Herzklopfen und Gänsehaut garantieren die regelmäßigen »Fullmoon Walks«, bei denen man das Dschungelspektakel im silbrigen Vollmondlicht erlebt. Tagsüber kann man im Nationalpark unzählige Säugetiere, Vögel und Insekten hören – und mit scharfem Auge auch beobachten. Berühmt ist das Naturschutzgebiet vor allem für seine vielen Schmetterlinge. Rund um die Wasserfälle flattern 800 verschiedene Arten!

Im Nordosten, Provinz Misiones,
www.iguazuargentina.com/en

Beste Reisezeit

In Südamerika beginnt der Frühling im Oktober, der Sommer endet im März. Während dieser Zeit ist es auch in Buenos Aires am schönsten. Je weiter man nach Norden reist, desto wärmer wird es. In dieser Region sind die Frühlingsmonate Oktober und November ideal.

Als steiles, bis zu 80 m hohes Eiskliff kalbt der Perito-Moreno-Gletscher in den Lago Argentino.

4 Nationalpark Lanín

Vulkan Lanín (3747 m) ist Namensvetter des Nationalparks. Und dieser Berg ist eitel! Zumindest bedeckt eine leuchtend-weiße Puderschicht seine Stirn- und Kopfpartie zu jeder Jahreszeit, was Reisefotografen fast immer sensationelle, makellose Aufnahmen garantiert. Doch auch die Natur rundherum gehört zum Schönsten, was Argentinien zu bieten hat: Tiefblaue Gletscherseen, weite Wälder und reißende Flüsse durchziehen das Bergland, das durch etliche Wander- und Mountainbike-Trails erschlossen ist. Als Quartier bietet sich San Martín de los Andes an. Hier hat auch die Parkverwaltung ihren Sitz.

Nordwestliches Patagonien, Provinz Neuquén, www.pnlanin.org

5 Perito-Moreno-Gletscher

Der Perito-Moreno-Gletscher ist die spektakulärste aller Eiszungen im Nationalpark Los Glaciares im Südwesten des Landes. Da die globale Erwärmung bislang kaum an seiner Substanz nagt, ist er besonders sehens- und schützenswert. Das Naturwunder lässt sich ab El Calafate am Südufer des Lago Argentino bestaunen. Von hier startet man mit dem Bus, Boot oder Mietwagen zum Gletscherbruch am Südwestufer des Sees. Eine Topattraktion des Nationalparks sind auch die markanten Gipfel von Fitz Roy (3406 m) und Cerro Torre (3128 m). Ihnen nähert man sich vom Nordufer des Lago Viedma.

Südwestliches Patagonien, Provinz Sanat Cruz, www.welcomeargentina.com/santa-cruz

Jardin Escondido

Oase der Ruhe: Das Hideaway des US-Kultregisseurs Francis Ford Coppola liegt zwar im Stadtteil Palermo in Buenos Aires, jedoch abgeschirmt vom Trubel des Viertels. Wunschlos glücklich machen nur die Zimmer mit Balkon. Augen auf beim Buchen, denn nicht alle haben einen.
Gorriti 4746, 1414 Buenos Aires, www.thefamilycoppolahideaways.com

Casa Calma

Alles öko? Den Zimmern der Casa Calma merkt man nicht an, dass sich das Hotel der Nachhaltigkeit verschrieben hat. Sie bieten höchsten Komfort. Und wer sich die Deluxe-Kategorie gönnt, kann sogar nach Stadtbummel und Tangokurs im Privatjacuzzi entspannen.
Suipacha 1015, 1006 Buenos Aires, www.casacalmahotel.com

Don Julio

Eines der besten und vielleicht stimmungsvollsten Grillrestaurants in Buenos Aires, das Steakfans aus aller Welt anlockt. Reservieren – vor allem, wenn man einen Terrassenplatz wünscht.
Guatemala 4691 (Palermo), 1425 Buenos Aires, www.parrilladonjulio.com

Alvear Roof Bar

Stilvolle Bar über den Dächern der Stadt, die nicht nur Gästen des Alvear Palace Hotel offen steht. Perfekt für den Sundowner, zu dem auch kleine Tapas und Snacks serviert werden.
Avda. Alvear 1891, 1129 Buenos Aires, www.alvearpalace.com

34 Wiege der Sinne

Marrakesch, Marokko

Die Schlangenbeschwörer von Marrakesch leben gefährlich. Zwar ziehen die meisten Vertreter der Zunft ihren Kobras, Nattern und Vipern die Giftzähne. Doch eingefangen werden die Reptilien seit jeher von Hand – mit Stock und Stoffsack in der Wüste vor den Toren der Stadt. Beim Bummel über die Djemaa el-Fna, Marrakeschs riesigen Hauptplatz, führt kein Weg an den Gauklern und ihren züngelnden Zirkustieren vorbei. Und wer nicht aufpasst oder danach fragt, spürt plötzlich einen kalten, schuppigen Schlangenkörper an Hals und Schultern. Dieser Kick kostet natürlich einen Obolus. Tierschützern ist das Geschäftsmodell schon lange ein Dorn im Auge, die Schlangenbeschwörer wiederum pochen auf alte Traditionen und der Notwendigkeit, ihre Familien zu ernähren. Und die Besucher? Genießen verblüfft die Atmosphäre auf der Djemaa el-Fna. Viele Ecken in Marrakesh wirken noch heute wie aus dem arabischen Märchenbuch. Allen voran das Labyrinth der Souks, das sich nördlich der Medina als größter geschlossener Warenumschlagplatz Marokkos ausbreitet. Der Geruch von Kardamom und Koriander vermischt sich mit dem des frisch gebrühten Pfefferminztees und weht als betörende Duftwolke durch die engen, mit buntem Allerlei vollgestopften Gänge des Basars. Wer sich hier verlustiert oder gar verirrt hat, kann in den wunderbaren Gärten der Stadt nach Frischluft schnappen. Zu den romantischsten zählen der Jardin Majorelle, die winzigen Jardins Secrets und der vom österreichischen Künstler André Heller gestaltete Anima-Park (www.anima-garden.com), der vom Zentrum aus per Shuttle-Bus erreichbar ist.

www.visitmorocco.com/de

Die Souks in der Medina von Marrakesch saugen einen förmlich auf. In keiner anderen Stadt Marokkos gibt es ein vergleichbar großes und verwinkeltes Basargeflecht.

1 Koutoubia-Moschee

Nein, rein kann man leider nicht. Wie fast alle Gotteshäuser des Landes darf die Koutoubia-Moschee nur von Muslimen betreten werden. Doch auch von außen ist das architektonische Wahrzeichen Marrakeschs sehr eindrucksvoll. Imposant ragt das fast 80 m hohe, aus groben Sandsteinblöcken gebaute Minarett in den Himmel über der Stadt. Zwei umlaufende, elegant gemusterte Mosaikbänder zieren das Bauwerk an und unterhalb der quadratischen Laterne, die von einer gerippten Kuppel mit vier Goldkugeln gekrönt wird. Während das flache Gebetshaus bereits Mitte des 12. Jh. errichtet wurde, folgte das Minarett erst rund 40 Jahre später als monolithischer Koloss. Abends ist die Anlage wundervoll beleuchtet und weithin sichtbar. Vielen Marrakesch-Neulingen dient die Koutoubia-Moschee daher als Fix- und Orientierungspunkt, den man auch wiederfindet, wenn man sich im Gassengewirr der Medina verlaufen hat.

Südwestliche Medina, an der Rue ibn Khaldoun, Buslinie 2–10: Jamaa El Fna

Nur wir zwei

Gar nicht so einfach, dem Gewimmel der Altstadt zu entfliehen. Eine grüne und friedliche Oase am Rande der westlichen Medina sind die **Jardins Secrets**. Die »geheimen Gärten« sind Teil einer ehemaligen Palastanlage aus dem 16. Jh. und verteilen sich über zwei abgeschirmte Innenhöfe. Palmen und Oliven säumen die bewässerten Wiesen, auf denen Federgras, Lavendel und Orangenbäumchen sprießen. Genießen kann man Ruhe und Ausblick auf gepolsterten schmiedeeisernen Bänken. Übrigens: Obwohl Marokko im Vergleich zu anderen muslimischen Ländern sehr tolerant ist, sollte man sich beim Austausch von Zärtlichkeiten in der Öffentlichkeit zurückhalten.
Westliche Medina, 21 Rue Mouassine, 4000 Marrakesch, Buslinie 2: Dar Lbacha

2 Djemaa el-Fna

»Platz der Toten« lautet einer der allesamt nicht sehr einladenden Übersetzungsversuche von Djemaa el-Fna. Im Mittelalter wurden hier tatsächlich Gauner hingerichtet und dann zur Schau gestellt. Gepfählte Schurken sieht man am größten Marktplatz der Stadt zum Glück längst nicht mehr. Heute sprudelt das Areal nur so vor orientalischer Lebensfreude, und an den Spießen brutzeln duftendes Schisch Kebab und andere arabische Köstlichkeiten. Neben den vielen Garbuden und Verkaufsständen sind aber vor allem Musiker, Gaukler, Schlangenbeschwörer, Wunderheiler und so manch andere originelle Charaktere die Hauptattraktion auf dem Djemaa el-Fna. Ihre Dienste bieten sie keineswegs nur Touristen an, sondern vor allem den vielen Einheimischen, die hier ab dem frühen Abend Ablenkung vom Alltag suchen.

Südwestliche Medina,
Buslinie 2–10: Jamaa El Fna

3 Die Souks von Marrakesch

Eintauchen, einkaufen: Die Souks von Marrakesch sind ein riesiger Mikrokosmos, der sich nördlich des Djemaa el-Fna als weitverzweigtes Labyrinth in der Medina verliert. Sich hier zu verlaufen oder beim Staunen die Zeit zu vergessen, ist ganz normal. Egal, ob Keramik, Teppiche und Pantoffeln oder Safran, Arganöl und Rosenwasser: Hier gibt es alles, und alles baumelt in bunten Farben von der Decke, wird am Boden ausgerollt, auf Tischen drapiert oder – wie Gewürze und anderes duftendes Korn und Pulver – zu kunstvollen Pyramiden aufgeschichtet. Auch das Handwerk spielt in den nach Waren und Berufen gegliederten Souks immer noch eine wichtige Rolle. Während in der einen Gasse der Tischler am Stuhlbein hobelt, werden in der anderen Kleider genäht. Am schönsten und ruhigsten ist der Basarbummel am Vormittag und frühen Nachmittag. Dann klappt's auch mit der Orientierung besser!

Nördliche Medina, zwischen Place Ben Youssef und Djemaa el-Fna,
Buslinie 2: Dar Lbacha

Beste Reisezeit

Zwischen März und Mai sowie im Oktober/November. Im Früh- und Hochsommer steigen die Temperaturen auf bis zu 40 °C. Der Frühling ist besonders reizvoll, weil die Berge südlich der Stadt häufig noch schneebedeckt sind. Ramadan beachten!

Venezianische Spiegel, orientalische Vasen: Im Dar Darma sind unterschiedlichste Stile vereint.

4 Kasbah-Viertel

Eine fast 10 m hohe, von wuchtigen Wehrtürmen durchzogene Stadtmauer aus Tonerde umgibt das historische Zentrum von Marrakesch. Im 12. Jh. errichtet, hat sie im Laufe der Geschichte schon viele Angriffe erlebt, wurde aber immer wieder neu aufgebaut und instandgehalten, sodass ein Großteil der Befestigung bis heute existiert. Durch Bab Agnaou, eines der prächtigsten, reich verzierten Stadttore aus alter maurischer Zeit, gelangt man in die Kasbah, das einstige Macht- und Verwaltungszentrum der Sultane, das südlich an die Medina anschließt. Neben der Kasbah-Moschee (12. Jh.) und den Ruinen des El-Badi Palasts (16. Jh.) locken hier die geheimnisvollen Gräber der muslimischen Saadier-Dynastie die meisten Besucher an. Sie verteilen sich auf zwei Mausoleen und einen verträumten Garten, der sich hinter einer unscheinbaren Lehmmauer versteckt. Sieben Sultane und über 60 ihrer Familienmitglieder wurden hier beigesetzt. Der von einer Kuppel aus Zedernholz überspannte, mit Fayencemosaiken geschmückte »Saal der zwölf Säulen« im großen Mausoleum zählt zu den kostbarsten und schönsten religiösen Monumenten Marokkos. Wer sich im Viertel noch ein bisschen umsehen möchte, läuft am besten südwärts. Es macht Spaß, durchs verwaschene, oft menschenleere Rot der Gassen zu flanieren und dabei immer wieder Blicke in die malerischen Innenhöfe der Riads zu erhaschen.

Südlich der Medina, Buslinie 6, 20, 25: Bab Rab, Eingang zum Viertel beim Stadttor Bab Agnaou

Dar Darma

Orientalisches Flair wie aus dem Bilderbuch – mitten in der Medina. In den sechs großzügigen Suiten sind Antiquitäten und moderne Möbel, edle Stoffe und Accessoires elegant kombiniert. Dachterrasse mit Pool und fantastischem Blick über die Stadt.

11/12 Trik Sidi Bohuarba, 40000 Marrakesch, www.dardarma.com

Casa Lalla

Charmantes Riad-Hotel mit modernem orientalischem Ambiente und Restaurant im Innenhof. Selbst die Suiten sind hier erschwinglich und die Dachterrasse ist fast genauso schön wie die der luxuriöseren Konkurrenten. Sehr zentral gelegen, kleines Spa-Angebot.

16 Derb Jamaâ, Riad Zitoune Lakdim, 40000 Marrakesch, www.casalalla.com

Café Arabe

Egal, ob man italienische oder marrokanische Gerichte, Kaffee oder Cocktail wählt: Die entspannte Lounge-Atmosphäre der Terrasse über den Dächern der Medina ist der eigentliche Star im Café Arabe.

184 Rue Mouassine, 40000 Marrakesch, www.cafearabe.com

Latitude 31

Marokkanische Gaumenfreuden, serviert in gemütlicher Riad-Atmosphäre. Zur Wahl stehen auch vegetarische und vegane Gerichte. Das Publikum ist hier jünger und urbaner als anderswo.

186 Rue El Gza Arset Ihiri, 4000 Marrakesch, www.latitude31marrakech.com

35 Hakuna matata

Tansania

Frühstück mit Elefanten? Das funktioniert in der Four Seasons Safari Lodge so gut, dass die Gäste auf der Hut sein müssen: Wäre ja denkbar, dass einer der Dickhäuter auf dumme Gedanken kommt und sich mit dem Rüssel Richtung Kaffeebecher vortastet! Elefanten sieht man häufig in der Umgebung des außergewöhnlichen Luxusresorts, das sich im Herzen der Serengeti im ostafrikanischen Tansania versteckt. Das von Felsen und Schirmakazien umgebene Hotelareal grenzt direkt an ein Wasserloch, das auch während der Trockenzeit nur selten versiegt. Und wenn der Regen in der Savanne mal wieder auf sich warten lässt, schauen neben den grauen Riesen auch Zebras, Gnus, Warzenschweine und andere Wildtiere hier vorbei. Dass sie dabei von verzückten Urlaubern, die sich vielleicht gerade selbst am Beckenrand des Infinitypools einen Drink genehmigen, beobachtet werden, nehmen die Vierbeiner billigend in Kauf. Zur nächsten Wasserstelle müsste man schließlich noch einige Kilometer weiter traben. Und wer weiß, ob sie nicht ausgetrocknet ist? Abenteuer mit Netz und doppeltem Boden: So könnte man das Angebot des Four Seasons in der Seregenti wohl am besten beschreiben. Das Resort liegt zwar inmitten der Wildnis des Nationalparks und organisiert ein vielseitiges Programm, um selbige zu erkunden – zu Fuß, mit dem Jeep oder im Heißluftballon. Gleichzeitig übernachtet man in behaglichen Kolonialstilsuiten, die mit allem nur erdenklichen Komfort ausgestattet sind. Die Gastronomie des Hauses ist herausragend, das Wellnessangebot vom Feinsten, und wer will, kann sogar am frühen Morgen mit dem Hotel-Yogi auf eine der umliegenden Anhöhen klettern und im Lotussitz die Sonne grüßen. Das alles ist ganz schön teuer, und mehr als zwei Nächte können sich diesen Zauber wohl nur die wenigsten leisten. Muss man auch nicht, denn Tansania hat noch so viel mehr zu bieten!

---

www.fourseasons.com/serengeti
www.tanzaniatourism.go.tz/en

Am Ziel aller Afrika-Träume: In der Four Seasons Safari Lodge kann man die Natur der Serengeti von der Hotelterrasse aus genießen. Ein intensives Erlebnis sind übrigens die »Walking Safaris«, die von der Lodge angeboten werden.

1 Serengeti-Nationalpark

Ein Tierpark der Superlative, ganz ohne Zäune – aber leider auch ohne Streichelzoo! Weit über 30 große Säugetierarten leben im Nationalpark Serengeti, darunter Elefanten, Nashörner, Flusspferde, Giraffen, Löwen, Zebras und Gnus. Während die einen gerne dösen oder jagen, sind andere ständig auf der Hut oder ziehen in gewaltigen Herden durch die Savanne, auf der Suche nach Wasser, Nahrung und den besten Klimabedingungen, die im riesigen Gebiet je nach Jahreszeit schwanken. Mit einer Fläche von fast 15 000 qkm ist der Nationalpark fast so groß wie Thüringen. Ein Meer aus Gras erstreckt sich im Süden bis zum Horizont. Nur hin und wieder ragen faltige Felseninseln aus der endlosen, flachen Ebene. Weiter westlich werden die Bergkuppen markanter, weiter nördlich das Gras länger und die Dornbüsche struppiger. Lichte Akazienwälder prägen hier das sanft gewellte Landschaftsbild. Die meisten Besucher tauchen aus südöstlicher Richtung via Arusha in die Serengeti ein. Der Weg führt am erloschenen Ngorongoro-Vulkan vorbei, dessen Krater sich im Laufe der Erdgeschichte in ein faszinierendes Ökosystem verwandelt hat und unzähligen Tieren und Pflanzen auf engstem Raum Heimat bietet. Nordwärts gelangt man zum Seronera-Plateau, dem besten Ausgangspunkt, um die Vielfalt der Serengeti zu erleben. Hier finden sich rund um die Parkverwaltung die meisten Lodges, und auch das Angebot organisierter Ausflüge und Safaris ist riesig.

Nächster Kleinflughafen: Seronera Airstrip (B144), www.tanzaniaparks.go.tz

Nur wir zwei

Eben noch in der Savanne, jetzt auf Sansibar gelandet? Willkommen zurück in der Zivilisation! Auf der traumhaften Dachterrasse des **Maru Maru Hotels** in Sansibar-Stadt kann man mit einem Cocktail auf die bevorstehenden Tage im Paradies anstoßen. Das Rooftop-Restaurant bietet einen weiten Blick über den Hafen von Stone Town, vor allem aber auf den Indischen Ozean und das spektakuläre Lichterspiel des Sonnenuntergangs.
Sansibar, Gizenga Street, Stone Town (Sansibar-Stadt), www.marumaruzanzibar.com

2 Tarangire-Nationalpark

Ihn als echten Geheimtipp zu bezeichnen, wäre übertrieben. Dennoch ist es im Tarangire-Nationalpark spürbar ruhiger als in der Seregenti, deren klangvoller Name Naturfreunde in Scharen anlockt. In puncto Schönheit und Artenvielfalt kann die rund 3000 qkm große Wildnis aber problemlos mit ihrer Nachbarin im Norden mithalten. Die staubigen Pisten des Parks muss man selbst während der beliebten Trockenzeit nur mit wenigen anderen Besuchern teilen. Wenn die letzten Regenfälle Wochen oder gar Monate zurückliegen, zieht es die Tiere aus allen Himmelsrichtungen zum Fluss Tarangire, der sich dann immerhin noch als sumpfiges Rinnsal durch die Savanne schlängelt und neben einem Schluck Wasser so manchem Vierbeiner auch ein behagliches Schlammbad garantiert. Tierische Hauptattraktion sind die Elefanten, die man im Tarangire-Nationalpark besonders häufig zu sehen bekommt. Nicht schlecht staunt man aber auch beim Anblick der vielen oft jahrhundertealten Affenbrotbäume. Ihre bauchigen Stämme dienen als Wasserspeicher und können Umfänge von über 10 m erreichen.

Nächster Kleinflughafen: Arusha Airport (A104), www.tanzaniaparks.go.tz

3 Auf den Kilimandscharo

Das Kilimandscharo-Massiv ist stolzes Wahrzeichen Tansanias und der Mount Kibo (5900 m) in seiner Mitte sogar der höchste Berg Afrikas. Am frühen Morgen vermischt sich das leuchtende Weiß des Gipfelschnees mit dem zarten Apricot der Morgensonne, und am Nachmittag schmiegen sich oft Wolkenbänder wie ein bauschiges Ballettkleid an die Flanken des Berges. Klimaforscher befürchten, dass das ewige Eis auf dem Kilimandscharo schon sehr bald verschwinden wird. Noch

Beste Reisezeit

Für eine Rundreise mit Sansibar-Abstecher ist die Zeit zwischen Juni und September ideal. In den Nationalparks kann man jetzt auch wandernde Tierherden beobachten. Von April bis Mai und Oktober bis Dezember herrscht die nasse und sehr schwüle Regenzeit.

Die süße Qual der Wahl: An der Ostküste Sansibars reiht sich Traumstrand an Traumstrand.

zählen die Gletscherreste aber zum Höhepunkt jeder Gipfelbesteigung. Die dürfen sich durchaus auch trainierte Urlauber ohne Extremsporterfahrung zutrauen. Ein Bergführer ist aber Pflicht, und der Aufstieg ist in mindestens fünf Tagesetappen unterteilt, damit sich der Körper akklimatisieren kann.

Nächster Flughafen: Kilimanjaro International Airport (JRO), www.tanzaniaparks.go.tz

4 Sansibar

Nach der Safari ans Meer! Sansibar bietet Sonne, Palmen und weite, weiße Sandstrände. Das Eiland vor der Ostküste Tansanias hat aber auch kulturelle Reize, denn hier vermischen sich auf engstem Raum arabische, indische, afrikanische und europäische Einflüsse. Als Religion hat sich der Islam durchgesetzt; in Sansibar-Stadt residierte ab 1840 der Sultan von Oman. Stone Town, die historische Keimzelle der Inselhauptstadt, gleicht einem Freilichtmuseum: Prächtige, aus Korallenstein und Mangrovenholz gebaute Villen säumen die engen Gassen und Plätze. Zum Stadtbild und vor allem -duft gehören aber auch die orientalischen Gewürzmärkte. Der Anbau von Pfeffer, Zimt und Vanille hat auf Sansibar lange Tradition. Noch heute kann man Sansibars berühmte Gewürzfarmen im Landesinneren besichtigen.

Ab Dar es Salaam mit dem Flieger (ca. 20 Min.) oder mit der Fähre (ca. 45 Min.), www.tanzaniatourism.go.tz/en

Sanctuary Swala Camp

Abgelegenes Abenteuercamp, ideal für die Erkundung des Tarangire-Nationalparks. Hier duscht man unter freiem Himmel und kann Tiere vom Balkon aus beobachten. Vorsicht: Natur pur!

Am Tarangire-Nationalpark, ca. 180 km südlich von Arusha, www.sanctuaryretreats.com

Mchanga Beach Resort

Hier in Sansibar, zwischen Palmen und weißem Sandstrand, hat sich also das Paradies versteckt. Die Bungalows liegen direkt am Meer – im Spa-Häuschen kann man sich verwöhnen lassen.

Im Nordosten Sansibars, zwischen Matemwe und Pwani Mchangani, www.mchangazanzibar.com

Machweo Fine Dining

Hier verschmelzen französische und afrikanische Aromen auf der Zunge, während hinter Bäumen und Bergen die Sonne versinkt. Das Restaurant gehört zum gleichnamigen Wellness-Retreat und verkauft auch Lunchpakete.

An der A 23, 8 km östlich von Arusha, am Arusha-Nationalpark, www.onseahouse.com

The Rock

Der Name deutet es an: Das Restaurant wurde auf einen Felsen im Meer gebaut, eine irre Location! Bei der Reservierung (online) bucht man den Transfer am besten gleich mit und kann dann Fisch, Meeresfrüchte und Pasta genießen.

An der Ostküste Sansibars, bei Pingwe, www.therockrestaurantzanzibar.com

Postkartenidylle pur: Mit ihren von Felsen gesäumten Buchten ist La Digue der Archetyp einer tropischen Trauminsel. Die gewellten Granitkolosse findet man aber auch an den Stränden der Schwesterinseln.

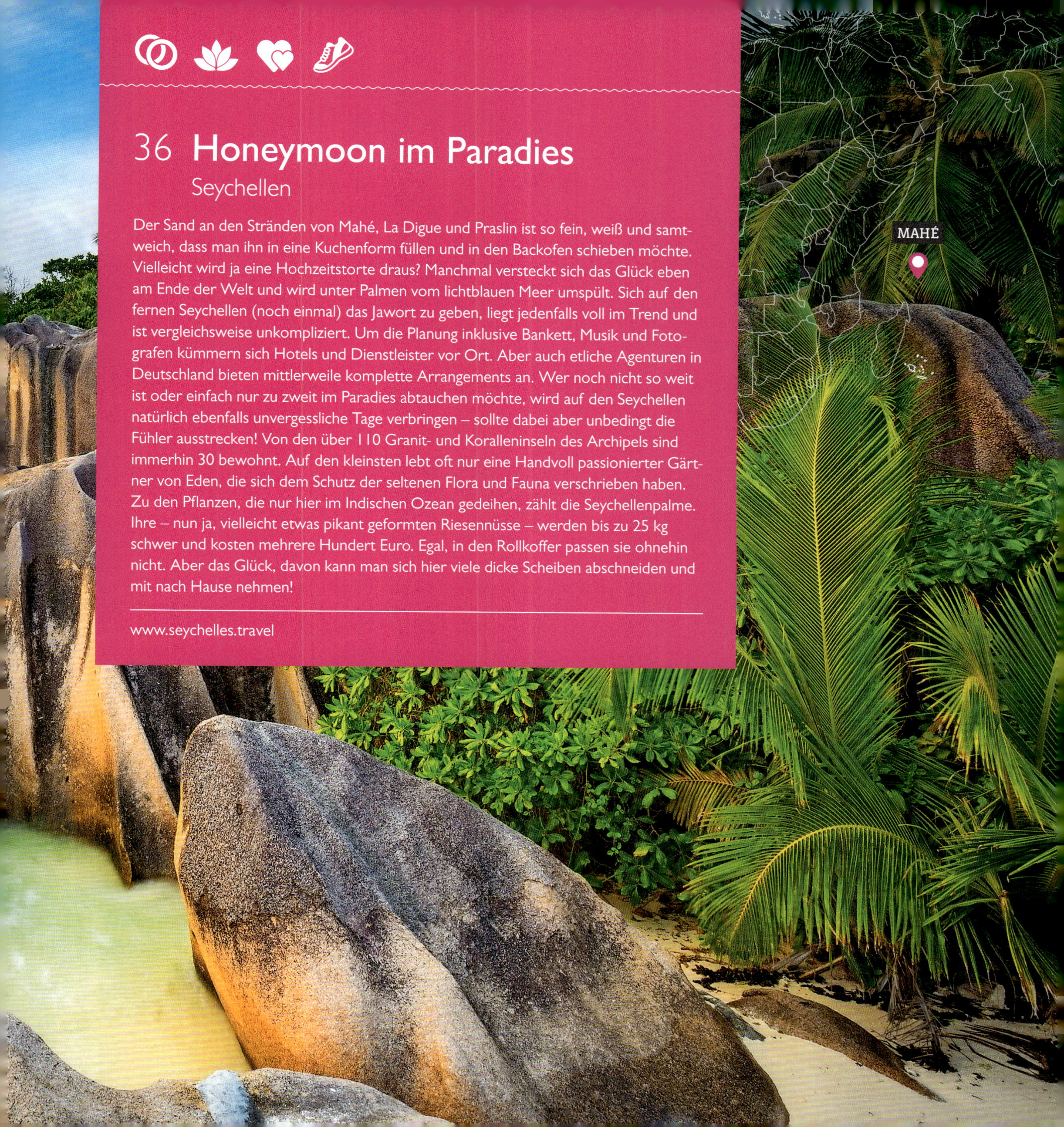

36 Honeymoon im Paradies

Seychellen

Der Sand an den Stränden von Mahé, La Digue und Praslin ist so fein, weiß und samtweich, dass man ihn in eine Kuchenform füllen und in den Backofen schieben möchte. Vielleicht wird ja eine Hochzeitstorte draus? Manchmal versteckt sich das Glück eben am Ende der Welt und wird unter Palmen vom lichtblauen Meer umspült. Sich auf den fernen Seychellen (noch einmal) das Jawort zu geben, liegt jedenfalls voll im Trend und ist vergleichsweise unkompliziert. Um die Planung inklusive Bankett, Musik und Fotografen kümmern sich Hotels und Dienstleister vor Ort. Aber auch etliche Agenturen in Deutschland bieten mittlerweile komplette Arrangements an. Wer noch nicht so weit ist oder einfach nur zu zweit im Paradies abtauchen möchte, wird auf den Seychellen natürlich ebenfalls unvergessliche Tage verbringen – sollte dabei aber unbedingt die Fühler ausstrecken! Von den über 110 Granit- und Koralleninseln des Archipels sind immerhin 30 bewohnt. Auf den kleinsten lebt oft nur eine Handvoll passionierter Gärtner von Eden, die sich dem Schutz der seltenen Flora und Fauna verschrieben haben. Zu den Pflanzen, die nur hier im Indischen Ozean gedeihen, zählt die Seychellenpalme. Ihre – nun ja, vielleicht etwas pikant geformten Riesennüsse – werden bis zu 25 kg schwer und kosten mehrere Hundert Euro. Egal, in den Rollkoffer passen sie ohnehin nicht. Aber das Glück, davon kann man sich hier viele dicke Scheiben abschneiden und mit nach Hause nehmen!

www.seychelles.travel

Valmer Resort
Familiär geführtes Resort im ursprünglichen Süden Mahés. Perfekt für Individualisten, die auf überbordenden Luxus verzichten können, aber trotzdem gerne unter Palmen- und Bananenbäumen inklusive Meerblick am Hotelpool liegen.
Insel Mahé, Mount Fleuri Road, www.valmerresort.com

Patatran Hotel
Die einzigartige Lage an der Nordspitze La Digues macht kleine Schwächen der Anlage mehr als wett. Eine von Palmen und Granitblöcken gesäumte Traumbucht, die schöner in keinem Reisekatalog abgebildet ist, liegt direkt vor der Haustür. Das leckere Frühstück wird auf der Terrasse am Meer serviert.
Insel La Digue, Anse Patates, www.patatranvillagehotel.website

Gecko Bar
Eleganter Hotspot direkt am Strand von Beau Vallon. Viele Gäste kommen nur wegen des herrlichen Sonnenuntergangs. Serviert werden aber nicht nur kühle Drinks, sondern auch Fisch, Fleisch oder Salate. Jeden Sonntag BBQ.
Insel Mahé, Beau Vallon (im Savoy Seychelles Resort), www.de.savoy.sc

Marmit Restaurant
Trotz Megaresort rundherum ein schöner Ort zum Dinieren. Die Speisekarte lässt kaum Wünsche offen, und der Blick von den Tischen direkt aufs Meer ist fantastisch. Auch gutes Frühstück!
Insel La Digue, Anse Réunion (im Resort La Digue Island Lodge), www.ladigue.sc

1 Mahé

Die Hauptinsel der Seychellen ist gerade einmal so groß wie Liechtenstein. Trotzdem zählt Mahé zu den reizvollsten und vielseitigsten Eilanden des Archipels. An den Küsten, vor allem im ursprünglichen Süden, erstrecken und verstecken sich paradiesische Buchten: Anse Intendance, Anse Soleil und Anse Takamaka – ihre Namen sind so exotisch wie die feinsandigen Strände, auf denen Besucher hier ihr Handtuch ausrollen. Mit der Inselhauptstadt Viktoria hat Mahé aber auch ein quirliges urbanes Zentrum, und in den tropischen Wäldern und blühenden Gärten im Landesinneren leben Pflanzen und Tiere, die man nirgendwo sonst auf der Welt findet. Beliebtes Wanderziel im Norden ist der Morne Blanc (667m), von dessen Gipfel man die ganze Insel überblickt. Der mondäne Jetset trifft sich am Strand von Beau Vallon und genießt hier den Sonnenuntergang mit Loungemusik und exklusiver Gastronomie.

Hauptinsel der Seychellen, Flughafen ca. 10 km südlich der Hauptstadt Victoria, www.seychelles.travel

2 Praslin

Die Bucht Anse Lazio im Norden von Praslin zählt zu den schönsten der ganzen Inselgruppe. Dichtes tropisches Grün umgibt den rund 800 m breiten, blütenweißen Strand, der flach ins türkisblaue Meer abfällt. Einen Sonnenschirm braucht hier niemand. Schatten spenden die vielen Palmen, deren gefächerte Kronen oft in so perfektem Winkel über dem Sand aufragen, als hätten es sich die Bäume zur Lebensaufgabe gemacht, empfindlichere Urlauber vor der UV-Strahlung zu schützen. Berühmt sind die Palmen der Insel aber vor allem für ihre bis zu 25 kg schweren »Coco de Mer«, die es nur hier auf Praslin gibt. Rund 7000 der Seychellenpalmen, die diese Megakokosnüsse tragen – bis die Früchte reifen, vergehen bis zu sieben Jahre – kann man im Naturpark Vallée de Mai in der Inselmitte bestaunen. Ein Netz aus schmalen Pfaden und Holztreppen durchzieht das wildromantisch-überwucherte Areal. Naturliebhaber besuchen aber auch die winzige Granitinseln Aride (www.arideisland.com) und Cousin (www.cousinisland.net) im Norden bzw. Westen von Praslin. Beide stehen unter strengem Schutz und die Besuchszeiten sind reglementiert. Wer sich auf den Weg macht, sieht mit etwas Glück eine der seltenen Riesenschildkröten.

Zweitgrößte Insel der inneren Seychellen, Anreise mit Propellermaschine ab Mahé, www.seychelles.travel

Beste Reisezeit
Tropische Temperaturen herrschen auf den Seychellen das ganze Jahr über. Eine beste Reisezeit gibt es daher nicht. Die Sommermonate sind jedoch häufig windig – für Segler und Surfer ideal. Im Herbst und Frühjahr ist es windstill, aber deutlich schwüler.

Nur einer von vielen exotischen Rückzugsorten auf den Seychellen – das charmante und eher bescheidene Valmer Resort auf Mahé.

3 La Digue

Auf einer Postkarte, der Titelseite eines Reisekatalogs oder in einem Werbespot hat jeder La Digue schon einmal gesehen. Sie ist die Vorzeigeinsel der Seychellen und Sinnbild aller Sehnsüchte nach dem süßen Nichtstun in einer fernen Tropenwelt. Die berühmten Granitfelsen, die aussehen, als seien sie einem Schokoladenbrunnen entsprungen und dann zu beigefarbenem Stein erstarrt, findet man nicht nur an der viel fotografierten Anse Source d'Argent im Südwesten der Insel. Auch die Strände im Norden und Osten werden häufig von den Steinkolossen flankiert, überragt oder in abgeschiedene Minibuchten unterteilt. Ein solides Verkehrsnetz wurde auf La Digue erst vor wenigen Jahrzehnten auf- und ausgebaut. Auf den wenigen Straßen geht es aber beschaulich zu, und neben einigen Taxis und Bussen sind hier noch immer viele Ochsenkarren unterwegs. Gemütlich und stressfrei kann man La Digue auch mit dem Drahtesel erkunden. Besonders schön ist die Route hinauf in den Norden. Hier rollt man immer am Meer entlang und kann sich in Ruhe die schönste Bucht für die Badepause aussuchen.

Kleinste der bewohnten Seychelleninseln, Anreise mit Propellermaschine oder via Fähre ab Mahé oder Praslin, www.seychelles.travel

4 Silhouette Island

Keine Straßen, steile Felsen, urwüchsige Wälder: Nach Silhouette kommt man vor allem, um die unberührte Natur zu genießen. Mehrere Wanderwege schlängeln sich über Berg und Tal durch den teilweise dichten Dschungel, und es ist es sinnvoll, sich einer geführten Tour anzuschließen. Dabei erfährt man vieles über das einzigartige Ökosystem des Eilands. Seit einigen Jahren sorgen Zoologen vor Ort dafür, dass sich wieder die seltenen Seychellen-Riesenschildkröten ansiedeln, sich fortpflanzen und ihr Leben ungestört im Zeitlupentempo verbringen können. Natürlich gibt es auf Silhouette auch einen Traumstrand: die märchenhafte Anse La Passe im Osten der Insel.

Boote ab Bel Ombre / Beau Vallon Beach, Mahé, auch Helikoptertransfer möglich, www.seychelles.travel

5 Hochzeit unter Palmen

Egal, ob am Strand, auf dem Wasser oder im duftenden Blütenmeer eines Gartens: Hochzeiten haben sich auf den Seychellen zu einem regelrechten Wirtschaftszweig entwickelt, und das Angebot ist riesig. Fast alle Hotels auf Mahé, La Digue oder Praslin bieten Arrangements an oder vermitteln professionelle Weddingplaner, die Rundum-sorglos-Pakete schnüren. Neben offiziellen, auch in Deutschland gültigen Eheschließungen sind vor allem freie Trauungen beliebt, bei denen man den schönsten Tag des Lebens unter Palmen noch einmal erlebt.

Paketangebote von vielen Hotels und Resorts sowie Hochzeitsagenturen, www.strandhochzeit-seychellen.de

Nur wir zwei

An der Südwestspitze Mahés liegt eine der malerischsten Buchten der Hauptinsel: Wer am Abend mit dem Picknickkorb zur kleinen, feinen **Anse Takamaka** aufbricht, erlebt dort nicht nur einen umwerfenden Sonnenuntergang, sondern muss das Paradies bestimmt mit nur wenigen Menschen teilen. Besonders ruhig ist es im nördlichen Abschnitt der Bucht. Wer schon früher herkommt, sollte Schnorchel und Taucherbrille mitbringen: Rund um die Granitfelsen weiter südlich wartet eine farbenfrohe Unterwasserwelt auf Entdecker.

Südspitze der Insel Mahé, westlich von Quatre Bornes

Da will ich hin! Paradiesische Strände, die in weiter Ferne mit dem Horizont verschmelzen, sind das Markenzeichen der Insel Mauritius. Zwischen all dem Türkis und Azurblau sorgen die roten Segel der Fischerboote für Abwechslung im Farbspektrum – hier an der Blue Bay bei Mahébourg.

37 Himmel auf Erden

Mauritius

Wie der Kopf einer Stecknadel ruht ein kugelrunder Stein auf der Spitze des Pieter Both (820 m), dem zweithöchsten Berg der Insel. Wird der geheimnisvolle Felsenball auch dem nächsten Unwetter standhalten – oder krachend zu Boden stürzen? Wirbelt mal wieder ein Zyklon über Mauritius, blicken die Menschen im Tal sorgenvoll Richtung Gipfel. Solange Pieter Both seine Krone trägt, ist alles gut im Land. Daran glauben hier viele. Doch in ihrem Optimismus schwingt immer auch Skepsis mit. Denn »gut« war das Leben für die meisten Inselbewohner über Jahrhunderte hinweg nicht wirklich. Unzählige wurden unter französischer und später britischer Herrschaft als Sklaven nach Mauritius verschleppt oder schufteten später als Zwangsarbeiter und Tagelöhner auf den Plantagen. Die Spuren der Kolonialzeit sind allgegenwärtig und Teil moderner maurizischer Identität, die Einflüsse aus aller Welt vereint. Man hört sie in der Musik, schmeckt sie in der französischen und kreolischen Küche, bestaunt sie an den Fassaden hinduistischer Tempel und prächtiger Kolonialvillen. Eines der schönsten dieser Landhäuser, das im 19. Jahrhundert errichtete Eureka House in Moka (www.eureka-house.com), kann nicht nur besichtigt werden, sondern vermietet sogar hübsche Gästezimmer. Rundherum prägen noch heute endlose Zuckerrohrfelder das Landschaftsbild. Doch der Tourismus hat den Ackerbau längst überflügelt, und Urlauber finden vor allem an den Stränden und Buchten des Eilands den Himmel auf Erden. Endlos weit und von Filaos, Palmen und türkisblauen Lagunen gesäumt sind sie im Osten und Westen, malerisch und naturbelassen im Norden der Insel. Doch so schnell und unbekümmert man hier auch in Bikini und Badehose die Zeit vergisst: Bergschuhe im Gepäck sind ein Muss! Denn im Landesinneren warten Traumpfade und exotische Naturschätze. Beim Wandern kann man ja auch den alten Pieter Both besuchen. Ob die Steinkugel wohl noch auf seiner Spitze balanciert?

www.tourism-mauritius.mu/de

1 Port Louis

Der Tourismus spielt in Port Louis eher eine Nebenrolle, und die Stadt ist nicht gerade ein Sehnsuchtsort für ruhesuchende Urlauber. Und doch besticht das urbane Zentrum der Insel, das während der Kolonialzeit als bedeutendes Seehandels- und Kulturzentrum aufblühte, mit viel ungeschminkt landestypischem Flair. Sehenswert in Hafennähe sind Chinatown und der lebhafte Zentralmarkt. Hier ist donnerstags am meistens los, aber die farbenfrohen Gewürz-, Obst- und Gemüsestände und duftend-dampfenden Garbuden sind an jedem Wochentag ein Fest für die Sinne. Richtung Westen gelangt man zum hübschen Jardin de la Compagnie, südwärts erstreckt sich am Wasser die beliebte Caudan Waterfront, eine moderne, aber auf alt gemachte Gastro- und Shoppingmeile mit Hafenblick. Noch grandioser ist die Aussicht über die Stadt vom retrofuturistischen Gotteshaus Marie Reine de la Paix, am Fuße des Mount Signal östlich des Stadtzentrums. Ein Ort der Stille, den man am besten am frühen Morgen oder in den Abendstunden besucht.

Touristinformation Mauritius/Port Louis,
Victoria House, St. Louis Street (5. Stock),
11302 Port Louis, www.tourism-mauritius.mu

Nur wir zwei

Kleine, malerische Sandbuchten prägen die Nordostküste der Insel. Die Gegend ist ideal für ungestörte Zweisamkeit unter Palmen. Ganz auf Paare und flitternde Hochzeitspärchen hat sich das sehr charmante **Paradise Cove Boutique Hotel** spezialisiert. Angeboten wird ein breites Freizeit- und Wellnessprogramm, das man als »you&me-Moments« buchen und zu zweit genießen kann. Auch der weitläufige, exotische Hotelgarten bietet etliche exklusive Rückzugsorte. Besonders verführerisch: die 16 am Meer verstreuten »Love Nests« mit Strohdach und privaten Sonnenliegen, von denen man einen unglaublichen Blick auf die changierenden Blautöne des Indischen Ozeans genießt.

Cap Malheureux Road,
Anse La Raie (im Norden),
www.paradisecovehotel.com

2 Cap Malheureux

Hier steht es also, das meistfotografierte Bauwerk auf Mauritius: Die strahlend weiße, mit roten Schindeln gedeckte Kapelle Notre-Dame-Auxiliatrice ist romantischer Anziehungspunkt am Cap Malheureux, der nördlichsten Inselspitze. Hinter dem Gotteshaus lugt in der Ferne die markante Felsennase des Gunner's Quoin aus dem petrolblauen Meer, rundherum lodern die Blüten der Flammenbäume, die ihrem Namen wirklich alle Ehre machen. Vor dieser Kulisse zu heiraten ist sehr beliebt – wer sich traut und hier trauen lassen möchte, sollte frühzeitig planen und reservieren. Hält man nur für einen kurzen Fotostopp an, sollte man sich trotzdem noch den verwunschenen, von Mangroven umrankten Friedhof der Kirche ansehen. Rund um Bain Boeuf laden zudem einige schöne, kleinere Buchten zur Badepause ein. Die vielen Tauchschulen der Gegend organisieren auch Ausflüge zum Eiland Gunner's Quoin, das für seine Felswände berühmt ist, die unter der Wasseroberfläche jäh in Tiefe des Indischen Ozeans abfallen.

Nördlichste Spitze der Insel,
zwischen Grand Baie und Calodyne,
www.tourism-mauritius.mu

3 Ganga Talao

Ein Spritzer Gangeswasser, der dem indischen Gott Shiva einst über Mauritius aus dem Haar tropfte, soll der Urprung des Ganga Talao gewesen sein. So erzählt es die Legende, aus der sich nicht nur die Existenz, sondern auch die Schönheit des Kratersees im Südwesten der Insel ableitet. An seinen Ufern erheben sich mehrere Hindutempel und farbenfrohe Götterstatuen. Die eindrucksvollste, eine über 30 m hohe Shiva-Skulputur, grüßt Besucher schon aus weiter Ferne. Der Ganga Talao zählt zu den bedeutendsten Hindu-Pilgerstätten außerhalb Indiens und ist auch für Nichtgläubige ein echter Kraftort. Die Besichtigung kann man perfekt mit

Beste Reisezeit

Die Hochsaison dauert von November bis Januar. Danach bringen März und April regenreiches und schwülwarmes Wetter, das nicht glücklich macht. Wer Hitze meiden will, mit etwas Wind klarkommt und mehr Ruhe sucht, reist zwischen Mai und September an.

Beim Anblick des Morne Brabant (556 m) ahnt man es bereits: Auf Mauritius locken nicht nur Strand und Müßiggang, sondern im Landesinneren auch traumhafte Wanderreviere.

einer Führung durch die benachbarte Teeplantage Bois Chérie kombinieren (www.saintaubin.mu) – Verkostung der hier kultivierten Sorten inklusive. Zudem grenzt das Heiligtum an den Black River Gorges National Park mit vielen Wanderwegen und Aussichtspunkten.

Südliche Inselhälfte, östlich des Black River Gorges National Park, www.tourism-mauritius.mu

4 Le Morne Brabant

Der Morne Brabant (556 m) auf der gleichnamigen Landzunge im Südwesten ist zwar nicht der höchste, dafür aber einer der markantesten Berge der Insel. Wie Krempe und Krone eines eleganten Herrenhuts ragt das von tropischem Grün umschmeichelte Felsmassiv in den Himmel. Zu seinen Füßen erstrecken sich puderzuckerfeine Sandstrände, an denen so manches Resort seine Gäste mit Komfort vom anderen Stern verwöhnt. Ein Abenteuer, das allerdings Kondition und Erfahrung erfordert, ist die Gipfelbesteigung. Bei der Vermittlung des seit Kurzem obligatorischen Bergführers helfen die Hotels. Neben seinen landschaftlichen Reizen ist der Morne Brabant aber auch von historischer Bedeutung: Im 19. Jh. suchten unzählige Sklaven in Felsenhöhlen und Spalten rund um seinen Gipfel Unterschlupf. Als Kulturlandschaft gehört er zum Unesco-Weltkulturerbe.

Südwestliche Inselspitze, südlich von Tamarin, www.tourism-mauritius.mu

Lakaz Chamarel

Idyllisches Versteck zwischen Palmen, Hibiskus und Mangobäumen. Trotz hoher Öko-Standards muss man in Sachen Komfort und Spa keine Abstriche machen. Unvergessliche Flitterwochen verbringt man in einer der Suiten am Hang mit Privatpool und Meerblick.
Piton Canot, Chamarel (im Südwesten), www.lakazchamarel.com

Astroea Beach

Hier hopst man von der malerischen Hotelveranda auf den blütenweißen Sandstrand und dann ins türkisblaue Meer. Im kleinen Astroea Beach Hotel bekommt man Mauritius wie aus dem Bilderbuch – und das zu fairen Preisen.
Küstenstraße, Pointe d'Esny (im Südosten), www.southerncrosshotels.mu > Astroea

Le Courtyard

Gehobene internationale Fusion-Küche im Herzen der Inselhauptstadt. Im pittoresken Patio wird täglich Mittagessen serviert, freitags kann man auch zum Dinner kommen – sollte dann aber reservieren.
Ecke Rue Chevreau/Rue St. Louis, Port Louis, www.le-courtyard.com

La Maison d'Été

Im weltentrückten Restaurant des gleichnamigen Hotels speist man mit Sand unter den Füßen direkt am Meer. Auch Frühstück. Unbedingt reservieren.
Küstenstraße (B15), Poste Lafayette (im Nordosten), www.lamaisondete.com/restauration

In Myanmar verschmelzen Natur und Kultur zu einem poetischen Abenteuer. Fantastischer Höhepunkt ist der Zwischenstopp in Bagan, wo Tausende uralte, teils verfallene Tempel und Pagoden in den Himmel ragen.

38 Das letzte Abenteuer

Myanmar

Nur hauchdünn, das reicht! Wenn sich Myanmars Damenwelt schminkt, schimmern noch viel Haut und immer ein fröhliches Lächeln durch die aufgetragene Make-up-Schicht. Thanaka nennt sich die beige Paste, die aus indischer Holzapfelrinde gewonnen wird und nicht nur den Teint auffrischt, sondern vor der Sonne schützt. In den Straßen von Yangon und Mandalay sieht man die zarte Creme überall auf den Wangen der Frauen – mal kreisrund, mal quadratisch. Vor allem die jungen Mädchen geben sich viel Mühe. Kinder wiederum greifen gern tief in die Thanaka-Töpfe und beklecksen sich damit nach Lust und Laune Stirn, Kinn und Nasenspitze. Myanmar, das sich vom Indischen Ozean bis zum Himalaya ausdehnt, ist einer der größten Staaten Südostasiens. Und doch sind es auch die vielen kleinen Dinge, die hier so reizvoll anders sind als im fernen Europa.

Während der Militärdiktatur war das Land jahrzehntelang vom Rest der Welt abgeschirmt – und nur wenige Ausländer konnten oder wollten sich hier überhaupt umsehen. Seit der zaghaften demokratischen Öffnung im Jahr 2011 ziehen die Besucherzahlen zwar an, bislang wurde das authentische Bild, das man im Land der goldenen Pagoden erleben kann, aber noch nicht von den Touristenströmen verwischt. Es lohnt sich, mindestens zwei Tage in Yangon zu verbringen und sich die atemberaubende Shwedagon-Pagode, aber auch den uralten, achteckigen Sule-Stupa anzusehen, in dessen Spitze sich der Legende nach ein Haar Buddhas verbirgt.

Fast alle, die hier ankommen, zieht es jedoch schon bald ins nördliche Mandalay und nach Bagan. In einer weiten Ebene an den Ufern des Ayeyarwady finden sich die Überreste der einstigen Königsstadt, die vor Jahrhunderten zur größten buddhistischen Metropole der Welt aufblühte und dann verfiel. Ein unvergessliches Erlebnis ist die Fahrt mit dem Heißluftballon über diese Traumlandschaft, aus der zwischen Palmen und Gebüsch Aberhunderte Tempel- und Pagodentürme in den Himmel ragen und sich in weiter Ferne im Morgendunst als verwunschene Konturen verlieren.

---

www.tourismmyanmar.org

1 Yangon

Yangons internationaler Flughafen ist Myanmars Tor zur Welt, und wer in die entlegenen Landschaften des einstigen Königreichs eintauchen will, kommt meist hier an. Es lohnt sich, nicht gleich in die nächste Maschine zu steigen, sondern ein paar Tage in der pulsierenden Metropole mit ihren vielen Parks, Märkten und Einkaufsstraßen zu verbringen, in der sich neben der bewegten Geschichte Myanmars auch seine Zukunftshoffnungen widerspiegeln. Die Spuren der britischen Herrschaft sind im Stadtbild allgegenwärtig, wenn auch häufig vom Verfall bedroht. Die eindrucksvollste Architektur aus der Kolonialzeit findet man in den Seitenstraßen der Strand Road, die in Hafennähe dem Flusslauf des Yangon folgt. Überstrahlt wird deren Pracht vom Glanz der vielen Tempelanlagen, vor allem der jahrhundertealten Shwedagon-Pagode. Ihr mit Gold überzogener und von Diamanten gekrönter, rund 100 m hoher Stupa ist buddhistisches Nationalheiligtum und thront weithin sichtbar auf dem Singuttara-Hügel nördlich der Altstadt. Der Aufstieg ist in den Morgen- und Abendstunden besonders reizvoll; ein unvergessliches Erlebnis sind die Vollmondfeste, bei denen die Flammen unzähliger Öllampen die ganze Tempelanlage mit ihren vielen kleinen und größeren Schreinen in ein magisches Lichtermeer verwandeln.

Der internationale Flughafen (RGN) befindet sich ca. 15 km nördlich der Innenstadt von Yangon, www.tourismmyanmar.org

Nur wir zwei

Die weltberühmte »Road to Mandalay« ist für viele heute der 2200 km lange Fluss Ayeyarwady. Die Tagestour von Bagan nach Mandalay ist ein Klassiker, aber schon wieder vorbei, bevor es richtig losgeht. Zelebrieren kann man die Langsamkeit und Schönheit des Stroms auf einer der ein- oder zweiwöchigen **Ayeyarwady-Kreuzfahrten ab Yangon**, die bis in den Norden des Landes vordringen. Die exklusiven Schiffe der Reedereien bieten allen Luxus inklusive Spa und Pool – und an Deck erlebt man die schönsten Sonnenuntergänge.
www.ayravatacruises.com, www.belmond.com, www.pandaw.com

2 Bagan

Willkommen im größten Freilichtmuseum Asiens! Über 2000 Tempel und Klöster liegen verstreut in der Ebene von Bagan, die sich im Herzen Myanmars am Ostufer des Flusses Ayeyarwady auf einer Fläche von fast 40 qkm ausdehnt. Wie es hier vor 800 Jahren ausgesehen haben mag, sprengt jede Vorstellungskraft. Im 12. Jh. erlebte die einstige Königsstadt ihre wirtschaftliche, kulturelle und vor allem spirituelle Blüte, wurde nach verlorenen Kriegen im 13. Jh. aber aufgegeben. Und so finden Besucher hier eine bröckelnde Märchenwelt vor, die ebenso mystisch wie faszinierend ist. Zu den schönsten Sakralbauten in Flussnähe zählen der Shwezigon-, Dhammayangyi- und Ananda-Tempel, der heiligste der Region. Einen schier unglaublichen Sonnenuntergang mit Weitblick übers Stupameer erlebt man von der Kuppel der weiter südlich gelegenen Shwesandaw-Pagode. Das wissen auch viele andere Besucher.

Anreise per Flugzeug (Nyaung U Airport, NYU) oder per Fähre (z. B. Inland Water Transport), www.visit-bagan.com

3 Im Himmel über Bagan

Mit Kutsche, Fahrrad oder Moped? Neuerdings werden sogar E-Bikes vermietet, auf denen Bagan-Besucher mit extra Rückenwind durch die Weiten der Tempelebene düsen. Aus dem Korb eines Heißluftballons kann man freilich noch besser nach den schönsten Pagoden Ausschau halten. Alle Anbieter heben am frühen Morgen ab. Wenn das Wetter mitspielt, fahren die Piloten extrem tief über den Tempeln, was natürlich besonders spektakulär ist.

www.orientalballooning.com, www.goldeneagleballooning.com

Beste Reisezeit

Von Oktober bis Februar. Im ganzen Land ist es meist trocken und angenehm warm. Rund um Mandalay sind die Winternächte etwas frischer, aber nicht kalt. In Yangon wird es jedoch ab März tropisch warm. Die Regenzeit beginnt im Mai und endet im Oktober.

Reizvoller Abstecher: Die schneeweiße Hsinbyume-Pagode (1816) in Mingun, nordöstlich von Mandalay, symbolisiert »Meru«, den mythologischen Götterberg im Zentrum des Universums.

4 Mandalay

Wer hier staunen möchte, muss früh raus: Im Mahamuni-Tempel, der wichtigsten Pilgerstätte der Stadt, wird eine goldene Buddhastatue verehrt, der täglich ab 4 Uhr nicht nur das Gesicht, sondern auch die Zähne geputzt werden! Weitere Mandalay-Highlights sind der Mandalay-Berg, den man am sportlichsten zu Fuß erklimmt, die von über 700 weißen Mini-Tempeln umringte Kothodaw-Pagode sowie die verwunschene, aus Teakholz gebaute U-Bein-Brücke, die sich südlich der Stadt über den Taungthaman-See spannt.

Ca. 180 km nordöstlich von Bagan, Anreise mit Mietwagen, Bus, Bahn, Flugzeug (Mandalay International Airport, MDL) oder Fähre

5 Inle-See

Fallen die nicht ins Wasser? Auch der kuriose Ruderstil der Fischer am Inle-See hat die Region bekannt gemacht. Meist balancieren sie einbeinig auf der Bugspitze ihrer Kanus, in der einen Hand ein Netz, in der anderen die Angelrute – während das noch freie Bein ein Ruder umklammert und für Antrieb sorgt. Der See mit seinen schwimmenden Dörfern und Gärten ist weltweit einzigartig und es lohnt sich ein längerer Aufenthalt. Sogar ein Kloster, Nga-Phe-Kyaung am Südostufer, hat man hier auf Pfählen ins Wasser gebaut!

Ca. 270 km südöstlich von Mandalay, Anreise mit Mietwagen, Bus, Bahn oder Flugzeug (Heho Airport, HEH, 40 km bis zum See)

Savoy Hotel

Ruhiges, verträumtes Boutiquehotel mit Pool in Yangon, nur einen kurzen Spaziergang von der Shwedagon-Pagode entfernt. Die Zimmer sind im Kolonialstil eingerichtet. Kleines, feines Frühstück mit frischen Produkten aus der Region.

129 Dhammazedi Road, Yangon, www.savoy-myanmar.com

Inle Heritage

Elegante Stelzenbungalows in einem Labyrinth aus Stegen und Gärten am Ostufer des Inle-Sees. Das Resort gehört einer gemeinnützigen Stiftung. Hier schläft und speist man nicht nur gut, sondern erlebt die Kultur der Region hautnah.

Innpawkhon Village, Inle Lake (Shan), www.nleheritage.org

House of Memories

Traditionelle Landesküche, die in einer alten Villa im Kolonialstil serviert wird. Wände und Räume zieren alte Fotos und Memorabilia, die an Birmas Weg in die Unabhängigkeit von Großbritannien erinnern. Besonders lecker sind die Fisch- und Currygerichte.

290, U Wizara Road, Yangon/Kamaryut, nördlich der Shwedagon-Pagode

Koffee Korner

Entspanntes Café-Restaurant in Mandalay mit breiter Auswahl für jeden Geschmack. Hier wird sogar exzellenter italienischer Cappuccino serviert. Abends ist das Lokal ein beliebter Treffpunkt junger Einheimischer.

70th Street/27th Street, südlich vom Königspalast, Mandalay

Weit weg vom Meer, nah dran am Glück: Das Como Shambhala Estate versteckt sich mitten im Regenwald. Die Luxussuiten lassen keine Wünsche offen, ebenso wenig das Wellness- und Sportprogramm: Von Yoga über Reisfeldwanderungen bis zum Rafting findet hier jeder sein Lieblingsangebot.

39 Liebe und Lianen

Bali, Indonesien

Froschgrün, Maigrün, Flaschengrün, Tannengrün, Schilfgrün, Türkis ... Bananenbaumgrün? Man könnte glatt die Grüntöne des Blätterdachs zählen, das sich in etlichen satten Farbnuancen über die weitläufigen Terrassen des Como Shambhala Estates ergießt. Zum Beispiel, während der Partner beim Ayurveda ist. Denn das kann dauern. Das mit den Grüntönen aber auch! Selbst das Wasser des Infinitypools leuchtet in geheimnisvollem Smaragd. Und das Meer? Ist keine Weltreise entfernt, aber doch weit weg. Balis Paradies versteckt sich im Landesinneren. Geflutete Reisfelder staffeln sich an den Steilhängen vor den Toren Ubuds. Noch heute werden sie traditionell mit Wasserbüffeln und Pflug oder reiner Muskelkraft bewirtschaftet. Aus dem Monsunwald rundherum ragen Tempel in den Himmel, und in der Ferne grüßen die Kratergipfel von Agung und Batur. Gewiss, auch im Städtchen Ubud ist es touristischer geworden. Doch die meisten der neu eröffneten Retreats wurden mit Augenmaß in die Kulturlandschaft eingebettet. Ihre Gäste können dort also noch immer in Ursprünglichkeit schwelgen, müssen dabei aber auf nichts verzichten. Neben Gartenpracht und Wohnkomfort werden im Como Shambhala Estate Wellness und Gesundheit großgeschrieben: Mit Yoga und Ayurveda kann man den Alltagsstress abschütteln, beim Outdoor-Sportprogramm die Natur entdecken und durchatmen. In Ubud hat sich mittlerweile eine hochkarätige Gastroszene etabliert, und noch immer ist der Ort Treffpunkt der hiesigen Kunst- und Kulturszene. Fast alles, was auf Bali im vergangenen Jahrhundert gemalt wurde und Rang und Namen hat, kann man im Neka Art Musuem (www.museumneka.com) bestaunen. Wenn denn der Partner nur endlich von der Ayurveda-Anwendung käme ...

---

www.comohotels.com/comoshambhalaestate
www.indonesia.travel

1 Felsentempel Uluwatu

Die Südwestspitze Balis zieht Gläubige und Kulturliebhaber gleichermaßen in ihren Bann. Hier ragt auf einem steilen Felsvorsprung am Rande des Dörfchens Pecu der Felsentempel Pula Luhur Uluwatu (10. Jh.) über dem Indischen Ozean auf. Das verwunschene, aus grobem Stein gemauerte und dennoch fein verzierte Heiligtum mit seinen verschachtelten Innenhöfen und Torbögen wird von balinesischen Hindus als spirituelles Bollwerk verehrt, das die Insel vor den dunklen Dämonen aus der Tiefe des Meeres beschützt. Besonders kurz vor Sonnenuntergang geht das magische Flair dieses Ortes unter die Haut. Wenn es langsam dämmert, werden rund um den Tempel oft auch stimmungsvolle Feuer- und Kecak-Tänze dargeboten. Auf der Hut sollte man übrigens vor den vermeintlich putzigen Tempelaffen sein: Die sind deutlich frecher, als sie aussehen!

Westküste, Halbinsel Bukit,
80364 Bali

Nur wir zwei

Mitten im Dickicht des Regenwalds nördlich von Ubud versteckt sich das luxuriöse **Padma Resort**, das seinen Gästen unter anderem extravagante Dinner-Arrangements anbietet. Etwas ganz Besonderes ist etwa das **Abendessen im »Bale Bamboo«**, einem von Palmen und Farn umgebenen und von vielen Kerzen erleuchteten Bambuspavillion, unter dessen geschwungener Kuppel nur ein einziger Tisch eingedeckt ist. Hier hat man nicht nur den Kellner für sich allein, sondern auch die volle Aufmerksamkeit der hoffentlich charmanten Begleitung – und kann gemeinsam über die Wipfel des Regenwaldes Richtung Zukunft blicken. Unbedingt möglichst lange im Voraus reservieren!

Banjar Carik, Desa Puhu Payangan, Ubud, 80572 Bali, www.padmaresortubud.com

2 Reisfelder von Ubud

Vorbei sind die Zeiten, in denen die Inselmitte noch ein Refugium für Individualreisende war, die dem Trubel an den Küsten entfliehen wollten. Restaurants, Cafés und Boutiquen gibt es mittlerweile auch in den Straßen von Ubud. Doch der Schein trügt ein wenig, denn vor den Toren des Künstlerstädtchens haben immer noch Natur und Landwirtschaft das Sagen. Besonders schön sind hier die vielen Reisfelder; erkunden kann man sie auf malerischen Pfaden. Eine beliebte Runde startet in der Jalan Kajeng. Man folgt dem Sträßchen Richtung Norden, hält sich links und taucht auch schon in üppig grüne Stille ein. Reizvoll ist auch der Campuhan Ridge Walk, der am Pura Gunung Lebah Tempel östlich des Zentrums beginnt und sich auf schmalem Grat nordwärts schlängelt. Schon müde? Nach gut einem Kilometer kann man sich im hübschen Karsa Café (www.karsacafe.com) mit Mangosaft erfrischen.

Südliche Inselmitte, Hochland
von Bali, 80571 Bali

3 Wassergarten Tirta Gangga

»Man ist ja nicht mehr der Jüngste!« Diesen Satz hört man sogar aus dem Mund von Teenagern. Abhilfe schafft in jedem Lebensalter ein Sprung ins Schwimmbecken des prächtigen Wasserpalastes Tirta Gangga im Osten Balis. Dem heiligen Quellwasser, das hier glucksend, sprudelnd und über viele Kaskaden aus allen Ecken in die Tiefe plätschert, wird verjüngende Wirkung nachgesagt. Und so herrscht im Wassergarten tatsächlich lebhafter Badebetrieb. Wer schon in den besten Jahren ist, erfreut sich einfach an der Exotik des Parks, der sich als Paradiesgarten über drei Ebenen ausdehnt. Asiatische Drachen und wasserspeiende Dämonen aus Stein zieren die Brücken, Brunnen und Balustraden der Bassins, in denen Koikarpfen zwischen Lotusblumen schwimmen. Jung und quicklebendig, versteht sich! Zur Anlage gehören auch noch Teile des Palastes des letzten Raja von Karangasem, der das Wasserwunder Mitte des 20. Jh. erbauen ließ.

Im Osten der Insel, ca. 7 km nordwestlich
von Amlapura, 80852 Bali

Beste Reisezeit

Auf Bali ist es rund ums Jahr schön und warm. Beste Reisezeit ist zwischen April und Oktober, wobei die Insel im Juli und August einen Besucheransturm erlebt. Von November bis März fallen die meisten Niederschläge, diese Regenzeit sollte man aber nicht scheuen.

Tauchen und schnorcheln: Die schönsten Reviere finden sich an der Nordwestküste der Insel.

4 Bratan-Vulkansee

Pulli einpacken! Hier oben am Lake Bratan (1200 m) weht oft ein frischer Wind. Dafür wird einem beim Anblick des Pura Ulun Danu Bratan (1663) warm ums Herz. Der schlanke, elfstöckige Pagodenturm des Wassertempels ragt auf einer kleinen Insel am Ostufer des Kratersees in den Himmel. Hobbyfotografen und Verliebte zieht es in den Abendstunden hierher, wenn die Turmspitze den goldenen, von zarten Schleierwolken durchzogenen Himmel berührt und sich dieses Schauspiel im Restlicht auf der Wasseroberfläche spiegelt. Rund um den See kann man auch schöne Spaziergänge unternehmen.

Nördliche Inselmitte, östlich des Botanischen Gartens (Kebun Raya), 82191 Bali

5 Schnorcheln im Nordwesten

Wo sind die besten Tauchreviere? Ganz klar im Nordwesten. Vor allem rund um das winzige Eiland Menjangan, das zum West Bali National Park gehört, schmücken immer noch intakte, sehr artenreiche Korallenriffe die Unterwasserwelt und bieten unzähligen Tieren und Pflanzen Unterschlupf und Heimat. Wer schon einen Tauchschein hat, kann von fast jedem Ort der Insel Ausflüge hierher buchen. Aber auch ohne Sauerstoff und nur mit Schnorchel und Taucherbrille kann man ins Unterwasserparadies eintauchen. Menjangan erreicht man nur mit dem Boot – am besten und schnellsten ab Permuteran.

www.menjangan-diving.com

The Menjangan

Das Öko-Resort im wilden Nordwesten Balis ist der perfekte Stützpunkt, um die Unterwasserwelt rund um die Insel Menjangan mit ihrem eindrucksvollen Korallenriff zu erkunden.

Jl. Raya Gilimanuk, Singaraja km 17, Pejarakan, 81155 Bali, www.themenjangan.com

Mozaic

Ausgezeichnete, moderne Gourmetküche, in der Chefkoch Chris Salans internationale und balinesische Einflüsse mit viel Experimentierfreude kombiniert. Die Gartenterrasse des Restaurants versprüht Dschungelflair und ist abends wunderschön beleuchtet. Reservieren!

Jl. Raya Sanggingan, Ubud, 80571 Bali, www.mozaic-bali.com

El Kabron Cliff Club

Hier trifft Bali auf Ibiza: Spanische Leckerbissen werden im El Kabron mit fantastischem Meerblick und einem der schönsten Sonnenuntergänge der Insel garniert. In den weißen Loungechairs kann man aber auch nur einen Drink genießen, während der DJ am Plattenteller dreht.

Jl. Pantai Cemongkak (Halbinsel Bukit), 80361 Bali/Pecatu, www.elkabron.com

Opia Dining

Ist das schön! Die zauberhafte Gartenanlage schmiegt sich an einen Hügel über der Bucht von Jimbaran im Süden Balis. Die Aussicht ist ebenso fantastisch wie der Service und die feine asiatische Küche.

Jl. Bukit Permai 2, Jimbaran, 80361 Bali, www.opiabali.com

40 Rosarote Brille

Honshu, Japan

Schon Wochen vorher ist man in Japan nervös. Wann geht's los, und wird das Wetter mitspielen? *Sakura*, die zauberhafte Kirschblüte, hält Nippon jedes Jahr aufs Neue in Atem – und in den Medien übertrumpfen sich Meteorologen, Botaniker und Sakura-Gurus mit ihren Prognosen. Ist es dann endlich so weit, verabredet man sich mit Freunden, breitet unter blühenden Baumkronen die Picknickdecke aus und feiert bis spät in die Nacht. Jetzt ist er da, der lang ersehnte Frühling! Auch Globetrotter und Romantiker aus aller Welt zieht es zwischen März und Mai nach Japan. Ein bisschen Glück gehört bei der Reiseplanung allerdings dazu, denn wenn sich der Winter mal wieder unbarmherzig in die Länge zieht, lässt auch das rosarote Wunder auf sich warten. Doch langweilig wird es in diesem Land nicht so schnell. Allein in Tokyo könnte man Wochen verbringen – und ein paar Tage sollten es mindestens sein, bevor es weiter Richtung Westen geht. Vor allem die Kontraste aus Alt und Neu machen die Megametropole so attraktiv, und wer sich vor zu vielen Menschen, Hektik und Neonlicht fürchtet, wird über die meditative Stille in Tokyos bildschönen Parks staunen. Oasen der Ruhe findet man wirklich in fast allen Stadtteilen. Gleiches gilt für gutes Essen, das in einer Fülle ausgezeichneter Sterne-Restaurants und natürlich auch in Tokyos berühmten Ramen- und Sobu-Bars serviert wird. Richtung Kyoto oder Fuji startet man am besten mit dem Bus oder Zug. Vorsicht, denn dieser Berg verzaubert! Auch die Japaner vergöttern ihren Fuji-san, und so teilt man den Weg zur Kraterspitze nicht nur mit Backpackern aus aller Welt, sondern vor allem mit einheimischen Pilgern. Wer zur richtigen Jahreszeit am Fuji ankommt, erlebt auch in den Tälern die Kirschblüte. Neigt sich das Naturschauspiel dem Ende zu, wirbeln die zarten Blütenblätter im Wind um die Pagodentürme und hinaus auf den Kawaguchi-See. Und man möchte noch einmal nach ihnen greifen. So schnell sie kam, ist sie auch schon wieder vorbei, die schönste Zeit auf der japanischen Insel Honshu.

www.jnto.de

Vergängliche Schönheit: Die Kirschblüte in Japan lockt im Frühling Romantiker aus aller Welt ins Inselreich. Nach rund zehn Tagen ist der Zauber dann wieder vorbei.

1 Megametropole Tokyo

Hier war schon gestern morgen: Seit Jahrzehnten verkörpert Tokyo unsere Vorstellung von urbaner Zukunft – mit all ihren utopischen und dystopischen Facetten. Fast 10 Mio. Menschen leben in der japanischen Megacity, wohnen, arbeiten und amüsieren sich auf engstem Raum und nutzen dabei Digitaltechnik so selbstverständlich, als wären Bits und Bytes die Luft zum Atmen. Doch zwischen Cybercafés und Wolkenkratzern finden sich überall Spuren der reichen Kulturgeschichte des Landes, deren Schönheit und spirituelle Kraft oft das Neonlicht überstrahlen. Wer nur ein paar Tage Zeit hat und das traditionelle wie neue Gesicht Tokyos erleben möchte, sollte sich auf die Stadtteile Asakusa, Ginza und Harajuku konzentrieren. Asakusa am östlichen Sumida-Ufer versprüht mit kleinen Läden, Nudellokalen, Werkstätten und vielen Tempeln noch das Flair des alten Nippons. Hier sollte man unbedingt den Senso-ji, Tokyos bedeutendstes buddhistisches Heiligtum besuchen. In Harajuku kann man rund um Takeshita Street der Jugend beim Shoppen zusehen, darf natürlich auch selbst einkaufen, sich dabei aber nicht wundern, wenn einem schrille Heldinnen aus Manga-Comics in der Umkleide begegnen. Von hier ist es nicht weit zur berühmten Shibuya-Kreuzung und dem prächtigen Meiji-Schrein. Ginza ist das eigentliche, modern-glamouröse Stadtzentrum Tokyos mit vielen Restaurants, Bars, Theatern und Kaufhäusern. Und die schönste Kirschblüte? Bestaunt man im Sumida- und Ueno- oder im zauberhaften Shinjuku-Gyoen-Park.

Touristinformation Tokyo, 2-8-1 Nishi-Shinjuku, Shinjuku-ku (TMG Building, 1. Stock), 163–8001 Tokyo, www.gotokyo.org/en

Nur wir zwei

Glamping mit Fuji-Blick? Das geht im **Hoshinoya Fuji Resort**, das sich nördlich des Kawaguchi-Sees zwischen Kiefern, Kirsch- und Ahornbäumen verbirgt. Gäste übernachten in modernen Würfelapartments aus Sichtbeton, die behutsam in die Natur eingebettet wurden. Alle Suiten haben eine Loggia mit Aussicht auf See und Vulkan. Hier kann man Arm in Arm staunen, wie der Gipfel des Fuji im Abendlicht in immer neuen Farbnuancen erstrahlt.
Hoshinoya Fuji Resort, 1408 Oishi, Fuji-Kawaguchiko-Machi, 401–0305 Yamanashi, www.hoshinoya.com/fuji/en

2 Rund um den Fuji

Ragt an klaren Tagen in der Ferne die weiße Kegelspitze des Mount Fuji (3776 m) zwischen den Hochhäusern Tokyos auf, weckt das Sehnsüchte. Also nichts wie hin! Perfekter Ausgangspunkt zum Bestaunen und Besteigen des heiligsten und höchsten japanischen Berges ist der rund 100 km westlich gelegene Kawaguchi-See. Ab Kawaguchiko transportiert ein Shuttle Gipfelstürmer zur 2300 m hoch gelegenen »Station 5«, Startpunkt des beliebten, weil leicht zu bewältigenden Yoshida-Trails (19 km), der sich von hier ganz gemächlich hinauf zur Bergspitze schlängelt. Viele Wanderer verbringen die Nacht an der »Station 8« (3100 m) in einer einfachen Herberge und nehmen die letzte Etappe erst im Morgengrauen in Angriff. So erreicht man den Gipfel pünktlich zum Sonnenaufgang. Wem das alles zu kompliziert ist: Einen der schönsten Panoramablicke auf den Fuji mit Postkartenqualität kann man im Arakurayama Sengen Park südwestlich von Kawaguchiko erleben. Blickfang ist hier auch die rote Chureito-Pagode, die sich gerne und gratis mit aufs Erinnerungsfoto gesellt – und im Frühjahr zudem von üppig blühenden Kirschbäumen umringt ist.

Fujisan World Heritage Center, 6663-1 Funatsu, Kawaguchiko (am Kawaguchi-See) 401–0301 Yamanashi, www.fujisan-whc.jp/en

3 Alte Kaiserstadt Kyoto

Vom 8. bis Mitte des 19. Jh. residierten der japanische Kaiser und sein Hofstaat in Kyoto. Das hat fantastische Spuren hinterlassen, und die Stadt im Westen Japans präsentiert sich heute voller Stolz als kul-

Beste Reisezeit

Wer die Kirschblüte erleben will, sollte von Mitte März bis Anfang April anreisen. Im Süden, rund um Tokyo, öffnen sich die Knospen zuerst, im kühleren Norden dauert es je nach Witterung etwas länger. Beliebte Reisezeit sind auch die späten Herbstmonate.

Entspannung trifft auf kühle Eleganz: das Aman Hotel im Zentrum von Tokyo.

turelle und kunsthistorische Schatzkammer des Landes. Sein nostalgisches Flair verdankt Kyoto aber auch der Tatsache, dass hier während des Zweiten Weltkriegs kaum Bomben fielen. So blieben etwa das stimmungsvolle Gion-Viertel in der Altstadt, vor allem aber die unzähligen uralten Tempelanlagen unversehrt. Besucherhighlight im Süden ist der Inari-Taisha-Tempel (711) mit seinen aus Hunderten feuerroten Torii-Bögen gezimmerten Alleen. Im Osten sollte man sich den Kyomizu-Tempel (1633) ansehen, im Nordwesten den von malerischen Hügeln gesäumten, mit Blattgold überzogenen Kinkakuji-Pavillon (1397).

Touristinformation Kyoto,
Bahnhof Kyoto (2. Stock), 600-8216 Kyoto,
www.kyototourism.org/en

4 Kunstgenuss auf Naoshima

Sie ist eine eigene, geheimnisvolle Welt für sich und wird bei der Tourenplanung viel zu oft links liegen gelassen: Die einstige Fischerinsel Naoshima hat sich in den vergangenen Jahrzehnten zu einem der spannendsten Kultur-Hotspots Japans gemausert. Hier erstickt Kunst nicht im Vakuum der Ausstellungsräume, sondern kann unter freiem Himmel atmen und sich im Wechselspiel mit Land, Wasser und Architektur entfalten. Also nicht erschrecken, wenn hier eine gewaltige Kürbisskulptur auf einem Betonsteg sehnsuchtsvoll übers Meer blickt. Einfach dazusetzen!

Benesse Art Site,
Insel Naoshima, 761–3110 Kagawa,
www.benesse-hd.co.jp/en

Aman Tokyo

Hotel der Spitzenklasse, das dezenten Luxus und eine phänomenale Aussicht über die Stadt und den Kaiserpalast bietet. Alle Zimmer und Suiten sind edel-minimalistisch mit Naturmaterialien und Shōji-Elementen gestaltet. Spektakuläres Spa mit großem Pool und Skylineblick.
The Otemachi Tower, 1-5-6 Otemachi, Chiyoda-ku, Tokyo 100–0004, www.aman.com

Kanamean Nishitomiya

Oase der Ruhe im Zentrum von Kyoto. Das Ryokan ist stolz auf seine 150-jährige Tradition und verwöhnt seine Gäste mit Komfort und Gourmetküche.
Tominokouji / Rokakku Dori (Zentrum, nordöstlich Nishiki Market), 604–8064 Kyoto, www.kanamean.co.jp

Echikatsu

Sukiyaki-Restaurant, das zu einer kulinarischen Reise in die Vergangenheit einlädt. In kleinen Separees kann man ungestört genießen – auch mit Blick auf den japanischen Garten.
2-31-23, Yoshima, Bunkyo-ku, 113–0034 Tokyo (Yoshima Station)

The Sodoh

Italienisches Restaurant mit lauschigem Garten, das im ehemaligen Wohnhaus des japanischem Malers Takeuchi Seiho untergebracht ist. Viele Tempel Kyotos sind von hier gut zu Fuß erreichbar.
366 Yasaka Kamimachi, Higashiyama-ku, 605–0827 Kyoto (zwischen Muruyama-Park und Kiyomizudera-Tempel), www.thesodoh.com

Cover Shutterstock.com: Orla

006 Resort Baumgeflüster/www.baumgefluester.de; 006-007 Resort Baumgeflüster/www.baumgefluester.de; 009 mauritius images: imageBROKER/Erhard Nerger; 010-011 Sven Mirow Photography / Tourismusverein Altes Land e.V.; 011 Tourismusverein Altes Land e.V.; 013 HUBER IMAGES: Christian Bäck; 014 Alexander Hartmann; 014-015 Alexander Hartmann; 017 Look-foto: Sabine Lubenow; 018-019 Getty Images: imageBROKER RM; 021 Look-foto: Travel Collection; 022-023 Look-foto: Heinz Wohner; 025 Holger Antons; 026-027 Look-foto: Heinz Wohner; 029 Look-foto: S. Lubenow; 030-031 BunBo – Das BungalowBoot / www.BunBo.de; 033 HUBER IMAGES: Reinhard Schmid; 034-035 awl-images.com: Jon Arnold; 037 Shutterstock.com: Scanrail1; 038-039 mauritius images: Westend61/Frank Ršder; 040 Thüringer Tourismus GmbH: Rasmus Schübel; 042-043 AWL Images Ltd: Alan Copson; 045 BollAnts - SPA im Park; 046-047 HUBER IMAGES: Reinhard Schmid; 049 HUBER IMAGES: Christian Bäck; 050-051 HUBER IMAGES: Frank Lukasseck; 051 Hotel Kranzbach GmbH: R. Kittel; 053 AWL images: ClickAlps; 056-057 AWL Images Ltd: Jason Langley; 059 Hotel Dukes' Palace; 060-061 HUBER IMAGES: Antonino Bartuccio; 063 HUBER IMAGES: Stefano Brozzi; 064-065 Jahreszeiten Verlag: Anna Mutter; 067 Jahreszeiten Verlag: Anna Mutter; 068-069 AWL Images Ltd: Peter Adams; 071 HUBER IMAGES: Susanne Kremer; 072-073 HUBER IMAGES: Olimpio Fantuz; 075 mauritius images: Jan W odarczyk/Alamy; 076-077 Posada Terra Santa /www.posadaterrasanta.com; 079 AWL Images: Jon Arnold ; 080-081 AWL Images Ltd: Michele Falzone ; 083 Shutterstock.com: Mapics; 084-085 Asaf Kliger /www.icehotel.com; 087 Henrik Trygg:imagebank.sweden.se; 088-089 AWL Images Ltd: Robert Birkby; 09 HUBER IMAGES: Pietro Canali; 092 Steve King / Manshausen Norway; 092-093 Steve King / Manshausen Norway; 095 AWL Images: Tom Mackie ; 096 Almdorf Seinerzeit /www.almdorf.com; 096-097 Almdorf Seinerzeit /www.almdorf.com; 099 Look-foto: Rainer Mirau; 100-101 AWL Images Ltd: ClickAlps; 103 Shutterstock.com: kavalenkava; 104-105 AWL Images Ltd: Matteo Colombo ; 107 AWL-Images: Francesco Iacobel i; 108-109 mauritius images: Ivan Coric/Alamy; 111 AWL Images Ltd: Nick Ledger; 112-113 George Messaritakis; 115 HUBER IMAGES: Reinhard Schmid; 116-117 mauritius images: Günter Gräfenhain ; 119 laif: Matt Parry/robertharding; 120-121 HUBER IMAGES: TC; 123 HUBER IMAGES: TC; 126-127 Eric Fallecker @eric_fallecker ; 127 Eric Fallecker @eric_fallecker ; 129 HUBER IMAGES: Susanne Kremer; 130 Getty Images: Lonely Planet Images; 130-131 HUBER IMAGES: Susanne Kremer; 132 picture alliance: ZUMA Press; 134-135 Getty Images: DenisTangneyJr; 137 AWL Images: Walter Bibikow ; 138-139 laif: Karol Kozlowski/robertharding; 141 Shutterstock.com: Galyna Andrushko; 142-143 AWL Images Ltd: Doug Pearson ; 145 Dar Darma Press Office; 146-147 Richard Waite; 149 AWL Images: Michele Falzone; 150-151 AWL Images: Jon Arnold; 153 Look-foto: Hauke Dressler ; 154-155 AWL images: ClickAlps ; 157 Shutterstock.com: Myroslava Bozhko; 158-159 Look-foto: Blend Images ; 161 AWL Images Ltd: Tim Mannakee; 162-163 COMO Shambhala Estate/www.comohotels.com; 165 Getty Images: WaterFrame; 166-167 AWL Images: Michele Falzone ; 169 AWL Images Ltd: Jan Christopher Becke

IMPRESSUM

Alle Angaben in diesem Reisebuch sind gewissenhaft geprüft. Preise, Öffnungszeiten usw. können sich aber schnell ändern. Für eventuelle Fehler übernimmt der Verlag keine Haftung.

1. Auflage 2019
ISBN: 978-3-8342-2958-8

GRÄFE UND UNZER VERLAG
Postfach 86 03 66
81630 München
Tel. +49 89/41 98 19 00
holiday@graefe-und-unzer.de
www.holiday-reisebuecher.de

GRÄFE UND UNZER

Ein Unternehmen der
GANSKE VERLAGSGRUPPE

Reihenidee/-konzept
Verónica Reisenegger

Idee/Konzept/Redaktion dieses Buchs
Jens van Rooij, Eva Stadler, Verónica Reisenegger

Lektorat
Eva Stadler

Layout
Michaela Fischer M-DESIGN

Bildredaktion
Dr. Nafsika Mylona, Tobias Schärtl

Schlussredaktion
Dr. Anita Meschendörfer

Produktion
Anna Bäumner

Repro
Repro Ludwig, Zell am See

Druck und Bindung
Printer Trento, Italien

PEFC
PEFC/18-31-506

Der Autor

Jens van Rooij wurde 1976 in München geboren und ist seiner bayerischen Heimatstadt seither treu geblieben. Auf seinen Reisen durch Deutschland und die ganze Welt fasziniert ihn immer auch die Schönheit des Abseitigen, die man oft nur auf den zweiten Blick wahrnimmt. Seine Entdeckungen teilt er als freier Redakteur, Journalist und Buchautor mit seinen Lesern – oder in einem seiner Münchner Lieblingscafés mit Freunden und Familie.

Liebe Leserinnen und Leser,

hat Ihnen unser Buch gefallen? Falls ja, freuen wir uns, wenn Sie es weiterempfehlen – Ihren Freunden, Verwandten, Kollegen, Nachbarn, dem Buchhändler Ihres Vertrauens und allen, die auf der Suche nach einem Reisebuch-Tipp sind, z. B. bei Online-Händlern.

Wenn Sie Kritik oder Korrekturen haben, schreiben Sie uns gerne an holiday@graefe-und-unzer.de – und natürlich auch, wenn Sie uns Ihr Lob auf direktem Weg zukommen lassen möchten. Sie erreichen uns auch telefonisch unter Tel. 0 800 / 72 37 33 33 (gebührenfrei in D, A, CH), Mo–Do 9–17 Uhr, Fr 9–16 Uhr.

Ihre HOLIDAY-Redaktion